プロ野球ウラ人脈大全

鵜飼克郎＋織田淳太郎＋
常松裕明＋李策ほか

宝島社

はじめに――チームの勝敗を陰で左右する「球界ウラ人脈」

本書は、プロ野球ファンの素朴な疑問から生まれた。

今季（2012年）、日本一に輝いた巨人は、開幕から大味な野球で最下位スタート。それが原監督の「1億円不倫スキャンダル」噴出の前後から、スモールベースボールに大変身。打者は狙い球を絞り込み、継投策もいっきに緻密化した。坂本や村田にだって送りバントのサインが出た。いったいベンチ裏で何があったのか？

パ・リーグはどうか。素人監督と陰口を叩かれた栗山新監督の日本ハム。開幕投手には、エースの武田勝が抜擢されると思いきや、マウンドに上がったのはなんと人気先行のドラ1ルーキー斎藤佑樹。テレビ番組の演出としては抜群のセンスだが、開幕戦に登板すれば、その後もローテの中軸になっていく。完投勝利を収めたからよかったものの、首脳陣のセンスが疑われた。それでも日本ハムはリーグ戦を制した。

かようにプロ野球には、試合を観戦しているだけでは理解できないことが頻繁に起こる。本書はそういった類《たぐい》の謎をひも解くために、球界人脈という観点から各球団の派閥や内紛、台所事情などの内情を取材した1冊だ。取材源は番記者、球団関係者、OBの方々。本書がプロ野球通になるための、プロ野球の真の醍醐味《だいごみ》を知るためのよき相棒になることを願っています。

プロ野球ウラ人脈大全＊目次

第2章　プロ野球を動かすウラ人脈の世界

第3章　覆面番記者座談会12連発！
セパ12球団「派閥&内紛」相関図

＊本書で取り上げた選手の所属チーム、関係者の肩書き等は、２０１２年11月15日現在のものです。

第1章

2012年プロ野球〝あの事件〟の真相

ジャイアンツを日本一に導いた「球団改革」を止めてはいけない！

清武英利元ＧＭが語る「常勝巨人軍の敵はナベツネ巨砲主義」

取材・構成＝織田淳太郎（ジャーナリスト）

再建の柱となった育成ドラフト導入

育成ドラフトでは仮に10人獲得したとしても、巨人の出費と言えば、基本的に（下限年俸の）２４０万×10で２４００万円で済みます。その中から２年に１人ずつでいい。のし上がってくる選手が出てくれれば、これはもう御の字でしょう。数年もすれば、ものすごく層の厚い夢のあるチームができあがるし、金銭的にも球団は大助かりなのですから。

そういう意味で、育成出身の山口鉄也が中継ぎ左腕エースに成長してくれて、巨人はどれだけ助かったか。スピード野球の申し子に成長した松本哲也のおかげで、いかに層の厚さを構築できたか。星野（真澄）だって「山口２世」と期待されるようになったのです。

可能性をたくさん買うことをチーム再建の柱とする——。たとえば、坂本勇人。４年前の彼を見た人で、今の坂本の活躍を予想できた人が、はたして何人いたでしょうか。しかし、仮に坂本が才能を開花させなかったとしても、大田泰示が花開いていたかもしれない。その大田がダメでも、違う若手がのし上がってくる。そういう広がりのある戦力というものが、今の巨人には必要なのだと、私は考えてきたのです。

２０１２年、巨人が３年ぶりとなる日本一を奪回した。原動力が若手の台頭に支えられる、その層の厚さにあったことは言うまでもない。

８月22日、左腕エースの杉内俊哉が左肩の違和感のため登録抹消。その穴を埋めるべく、翌23日のヤクルト戦では小野淳平や高木京介など若手を中心とした５投手の総力リレーで、マジック30を点灯させた。

好調巨人軍の象徴は、もちろんこの２人だけではない。宮國椋丞、星野真澄、小山雄輝、田原誠次といった若い投手力の急成長。さらに、野手に目を向けると、５年目の藤村大介がセカンドのレギュラー格に昇格し、伸び悩んでいた４年目の大田が９月１日のＤｅＮＡ戦で３安打３打点の猛打賞をマークする……。

スター選手と非スター選手が重層的に支え合う、そんな巨人を誰よりも待ち望んでいた人物がいた。

　読売巨人軍の元球団代表兼ＧＭ。清武英利氏、その人である。

ナベツネの介入で育成制度が崩壊の危機に

「あれも欲しい」「これも欲しい」――。原（辰徳）監督にしろ、長嶋（茂雄。巨人軍終身名誉監督）さんにしろ、巨人の指揮官の多くに共通するのが、いわゆる「大型補強」にチームの命運をかけていたことでした。「相手チームの戦力をはるかに凌ぐ戦力を補強しないと、巨人は優勝できない」という考え。言い換えれば、「優秀な選手を集めれば勝てる」という思い込みが、その根底にあったことです。

　この思い込みは、ある意味で至極当然でした。なぜなら、巨人戦となれば、相手チームはエースを擁し、がむしゃらに勝ちにくる。交流戦も含めると、11もの球団がそうやって挑みかかってくるのです。

　巨人といえど、エースは1人だけ。指揮官が「中途半端な補強では勝てない」と思い込むのも無理はなかった。そして、そうした思い込みに飛びつき、「巨砲チーム作り」を大々的に煽ってきたのが、とりもなおさず渡邉恒雄氏（読売新聞社主筆、巨人軍会長）その人だったのです。

昨年11月11日、清武氏は決定済みの岡崎ヘッドコーチの留任人事を「鶴の一言」で覆そうとした球団会長の渡邉氏を、コンプライアンスに違反したとして告発した。これに対して、読売新聞本社は虚偽の事実の公表、取締役としての忠実義務の違反などを理由に清武氏を解任。読売新聞と巨人の名誉を傷つけたとして、東京地裁に1億円の損害賠償を求める訴訟を起こす。清武氏も「不当解任」として同新聞社を提訴、両者の確執は法廷闘争にまで発展した。

清武英利 ***Hidetoshi Kiyotake***

1950年宮崎県生まれ。立命館大学経済学部卒業後、読売新聞社に入社。社会部記者として警視庁、国税庁などを担当。中部本社（現中部支社）社会部長、東京本社編集委員、運動部長を経て、2004年8月より読売巨人軍球団代表兼編成本部長に就任。育成選手制度の創設、BOSシステムの導入、3軍制度の設立など、“大型補強”とは真逆の球団改革を断行する。2011年11月18日、専務取締役球団代表兼GM・編成本部長・オーナー代行を解任される。著書に『巨魁』（ワック）など。
（撮影：金子靖）

しかし、はたして大型の補強策が、巨人を栄光に導いたのか。

たとえば、渡邉氏の半ばゴリ押しもあって、導入された社会人・大学生対象の希望入団枠制度（1

９９３～２００６年。自由獲得枠制度とも呼ばれた）。この制度が施行されていた14年間で、巨人は４回しか優勝していないのです（うち日本一３回）。即戦力とすべく完成型の選手を獲得してきたにもかかわらず、です。

仁志敏久、高橋由伸、阿部慎之助、内海哲也……と、たしかに優秀な選手を数多く獲得していますが、それならせめてもう少し結果が出てもよさそうなものでしょう。しかも、巨人は07年からリーグ３連覇（日本一１回）を果たすなど、かえって希望枠制度が撤廃されてからのほうが強くなっているのです。

明らかに「希望入団枠制度」は、巨人にとって効果的ではありませんでした。それどころか、戦力的、資金的に不利な制度だったと言っても過言ではない。その理由は後で述べますが、私が補強という課題を抱えながらも、一方で選手の育成を編成の主眼としたのは、そのことに気がついたからでした。

しかし、渡邉氏は「勝てないのは、選手の使い方が悪い」程度にしか思っていなかったのでしょう。完成型選手を乱獲することのデメリットには、最後まで気づいてくれなかった。それは同時に、育成システム崩壊の危険性を意味していました。

後に私が、岡崎ヘッドの人事に絡み、渡邉氏を告発したのも、そこに伏線がありました。なぜなら、岡崎ヘッドこそが、私たち編成が目指す野球の申し子。まさに「育成の象徴」だったからです。

巨人の新人・若手選手の2012年成績

名前	ポジション	背番号	ドラフト順位	プロ通算年	出身	投球回数/打席数	今期成績	推定年俸
宮國椋丞(20)	投手	30	2位	2年目	糸満高	97回	6勝2敗/防御率1.86	630万円
小山雄輝(23)	投手	94	4位	2年目	天理大	43.1回	2勝2敗/防御率1.87	820万円
田原誠次(23)	投手	63	7位	1年目	三菱自動車	30.1回	2勝0敗/防御率3.26	700万円
高木京介(23)	投手	57	4位	1年目	国学院大	31.1回	2勝0敗/防御率0.57	800万円
小野淳平(25)	投手	43	5位	3年目	日本文理大	11回	0勝1敗/防御率5.73	1500万円
星野真澄(28)	投手	60	育成枠1位	3年目	BCリーグ信濃	10.1回	1勝0敗/防御率3.48	1050万円
藤村大介(23)	内野手	0	高校生ドラフト1巡目	5年目	熊本工	279打席	238打数60安打/打率.252	2400万円
大田泰示(22)	外野手	55	1位	4年目	東海大相模高	70打席	63打数16安打/打率.254	950万円

その他育成枠出身選手の2012年成績

名前	ポジション	背番号	ドラフト順位	プロ通算年	出身	投球回数/打席数	今期成績	推定年俸
山口鉄也(28)	投手	47	育成枠1巡目	7年目	米国マイナー	75.1回	3勝2敗 5セーブ・44ホールド/防御率0.84	1億2000万円
松本哲也(28)	外野手	31	育成枠3巡目	6年目	専修大	229打席	198打数51安打/打率.258	2200万円

大物選手の獲得に固執するこれだけのリスク

王巨人（84～88年）で広報室長を務めていた若林敏夫氏。清武氏の青森支局勤務時代の上司（支局長）でもあったその若林氏によると、巨人軍のフロントには、もともと弱腰なところがあったという。

「確固たる意見を持たず、読売幹部の顔色ばかり伺い、決断を仰ぐ。そういう軟弱な体質も、渡邉氏の独裁を許す下地になったのでしょう。そのフロント陣に、気骨ある清武君が加わった。ある意味で、昨年の騒動は起こるべくして起こったのです。というより、誰かがいつか立ち上がらなければいけなかった。たった1人の無謀な反乱だったとはいえ、私自身、清武君には『よくぞやってくれた』と拍手喝采を送りたい気持ちでいました」

社会部や運動部を経て、私が代表兼GMとしてフロントに送り込まれたのは、04年の夏。明大・一場靖弘投手への裏金問題の発覚で、渡邉氏が球団のオーナーを辞したことが、きっかけでした。

ローズやペタジーニ、清原など長嶋さんが獲得した多くの大砲を抱え、巨人が「史上最強打線」と呼ばれていた頃です。当時の監督・ホリさん（堀内恒夫）は「あれも」「これも」というタイプではなく、与えられた戦力で闘う指揮官でしたが、その彼にしても、「この戦力で勝てる」という自信はあったと思います。

一方でホリさんは「スピード野球」を標榜していた。でも、当時の巨人にスピード野球を具現化できるような人材がいなかったのも確かです。そういう意味で責任はホリさんの要望に応えられなかった我々フロントにありましたが、この時期の私と言えば、どうしたら強い組織になるのか、どうしたら弱点をカバーできるか、そのことで頭が一杯の状態だったのです。

あれこれ考えては、いろいろな人の意見を聞きました。その結果出てきたのが、大金をはたいて大物選手や完成型の選手を獲得するより、ドラフト下位でたくさんの可能性を手に入れたほうがいいという考え方。つまり、補強と育成という2つのアプローチにおいて、育成のほうにより力を入れようという方針でした。

それが、なぜ巨人にとって得策だったのか。これは、スカウト全員に対する調査でわかったことですが、かつての希望枠時代に阿部慎之助ら有望な大学生を獲得したとき、担当のスカウトは彼のところばかりに日参せざるをえず、他の選手を観察することができなかったそうです。スカウトのマンパワーも限られていて、たくさんの選手を見ているようで、実はそれほど見ていないこともわかりました。

また、巨人は昨年（２０１１年）のドラフトで相思相愛の菅野（智之、東海大）を外した。その菅野に対して、巨人は「今年（２０１２年）も絶対に獲りにいく」と約束しているわけです。そうなると、甲子園春夏連覇の大阪桐蔭の藤浪（晋太郎・阪神ドラフト1位）だって、もう獲ることはできません。藤浪が同じ高校出のダルビッシュ（現・レンジャーズ）のような選手になるかもしれないという可能性から、その時点で目を背けざるをえないのです。これは、高校の有望株や急成長中の無名選手が現われたとしても、そちらのほうに方向転換できないということを物語っています。

しかも、かつてドラフト外で入団した選手を調べてみると、大成した選手がけっこういることもわかりました。ドラフト外入団のない今、そういう潜在的可能性を有する人材は、大学や社会人、あるいはクラブチームに進みます。それなら、そういう可能性を安い値段でたくさん買ってはどうか。それがまた、企業の相次ぐ野球部廃部などで野球の裾野が狭まっているなか、野球をしたくてもできないアマチュア選手の雇用に繋がるのではないか……。

これが、私が球界に育成選手制度の導入を強く推進した理由でした。

岡崎ヘッドの降格に猛反対した確かな理由

育成選手制度は05年、広島・鈴木清明本部長の方針をヒントにした清武氏の強い働きかけによって、プロ野球に創設された。翌06年から本格的に始まった育成選手ドラフトは、２次ドラフトとも呼ばれる。

方針は実戦重視。07年にはイースタンリーグ・チャレンジマッチが開催された。巨人とロッテの育成選手による混成チーム「シリウス」も、09年に結成されている。

２０１２年開幕時、巨人が抱えていた育成選手は23人。プロ12球団では突出して多く、全体の20％以上にあたる。かつての金満体質から抜け出し、いかに育成に力を注いでいるかが、数字にも表われているだろう。

この「失敗限定的・成功無限大プロジェクト」とも言うべき育成方式は、人材の発掘に繋がるだけじゃありません。「二軍落ちがあるのならお断り」などとする大物外国人選手との屈辱的な契約をする必要もなくなる。また、投手のロメロがそうだった

清武英利氏と読売巨人軍「球団改革」の軌跡

年度	球団改革の軌跡	年度別成績	監督	新人王
2004	一場靖弘投手（明治大学/前楽天・現ヤクルト）の裏金問題の余波で、同年８月より、球団代表兼編成本部長就任	3位	堀内恒夫	―
2005	育成選手制度を創設	5位	堀内恒夫	―
2006	12球団に先駆けて大量の育成選手採用	4位	原辰徳	―
2007	イースタンリーグに「チャレンジマッチ」創設	1位	原辰徳	―
2008	―	1位	原辰徳	山口鉄也（育成）
2009	ロッテとの混成チーム「シリウス」創設（育成選手の対戦相手）	1位	原辰徳	松本哲也（育成）
2010	ヤンキースのBOS（ベースボールオペレーションシステム）とセイバーメトリクスを視察。巨人でBOS稼働（05年に日本ハムが先行して導入）	3位	原辰徳	長野久義
2011	３軍制度を開始、育成選手を含め90人の選手が傘下に（04年時は69人）	3位	原辰徳	澤村拓一
2011/11/18	専務取締役球団代表兼GM・編成本部長・オーナー代行を解任される			
2012	―	1位	原辰徳	―

ように、将来性のある外国人を育成枠に入れることもできるわけです。外国人にどうせ当たり外れがあるのなら、安い金額でたくさん獲ったほうが、球団も大助かりでしょう。

　こうした私の考えを具現化してくれる存在が、岡崎ヘッドでした。そもそも育成に持ってこいの人材だったから、ヤンキースにコーチ留学（05年）してもらっているのです。10年には渡邉氏も同意した三軍制を敷きましたが、それを任せたのも当時二軍監督だった岡崎君でした。

　彼には「いい選手は自前で育てられる」という強い信念があ

ったのです。巨人にはレギュラー格のセカンドがいませんでしたが、そこに、松井稼頭央（楽天）か金子誠（日ハム）を獲得して、その補強に当てるといった話も出ました。岡崎君はそれに対して、「いりません」とはっきり言えるタイプなのです。「セカンドのスター候補なら育てられます」と。

しかも、彼の頭の中には、いろんなタイプの二塁手像があった。足が速い二塁手、守備が堅実な二塁手、チームリーダー的な二塁手……。限定することなく、幅広い視点をつねに持っていました。だからこそ、藤村大介が死ぬことなく、スピードスターとしてのし上がることができたのです。

実際、岡崎君は一軍ヘッドとしても、若手を使ってくれるよう、原監督にずいぶん進言してきました。監督にとってみれば、たしかに目先の1勝は大事でしょう。岡崎君も「使ったけどダメだったじゃないか」と、よく叱られたそうですが、それでも彼は勇気を持って進言し続けた。それによって、原監督と私との懸け橋的な存在になってくれたのです。私が岡崎ヘッドを「育成の象徴」と位置づけた理由が、そこにありました。

その岡崎ヘッドの決定済みの留任人事を、渡邉氏が鶴の一声で覆そうとした。それは、これまで推し進めてきた選手育成という大命題を、根底から揺るがすような破壊的な一声でもあったのです。しかも、江川（卓）さんを集客のためヘッドコーチにするとまで言い出した。

結局、渡邉氏は理解しているようで、何も理解していなかったのです。

王巨人の広報室長だった前出の若林敏夫氏も、渡邉氏の傍若無人ぶりに遭遇したことがあるという。

88年9月29日、王監督の解任発表に際し、読売本社社主室で読売の務台名誉会長、小林社長、正力球団オーナー、湯浅球団代表とともに最終打ち合わせをしているときだった。若林氏の回想――。

「私は会見でオーナーに読んでもらう文面を用意していました。湯浅代表の『くれぐれも王君を傷つけないような文章にしてくれ』という要望もあり、かなり気を遣って書いたものです。そこに、廊下からスリッパ履きの足音が荒々しく近づいてきた。『おう!』と言って入ってきたのは、当時、読売副社長だった渡邉氏でした。そして、挨拶もロクにせず、こう言い放ったのです。『会見の原稿書いてきたからな。今から読んで聞かせてやる』。私はその文面を聞いて愕然としました。王監督が契約満期のため退団する旨が、ひどく無機質な調子で綴られているのです。王監督と言えば、5年間で1度しか優勝できなかったとはいえ、巨人の最大の功労者、球界の至宝。それを「契約が切れたから」と、経営者感覚のみで簡単に切り捨てようとする。そこには、人間としての情や温かさが、まるで感じられませんでした」

BOSシステムの導入と常勝ジャイアンツ復活

昨年（2011年）、二軍の小谷正勝投手コーチが退団したことについても、渡邉氏は「取り返しのつかない人材流出だ」として私を批判しています。

しかし、そもそも小谷コーチに関しては、だいぶ前に原監督から「高齢なので、代えてはいかがですか」と打診されていました。それを私が若手育成のために「チーフ格」として留任をお願いしていたのです。しかも、小谷コーチはご自身の体調不良もあり、二軍遠征に帯同できない状態でした。そういう年齢的、肉体的なことを考慮して、宮國たち若手にメドがついた昨年、若い豊田（清）コーチらにその職務をバトンタッチしてもらったのです。

渡邉氏はそういういきさつを理解していたのでしょうか。渡邉氏の批判はまったくの的外れとしか言いようがありません。

的外れと言えば、日本の野球は長い間、指導者の眼力、主観というものに頼ってきました。巨人にしても、「あの選手はいいよ」などという評判を鵜呑みにして、戦力補強としてきたところがあります。しかし、それでは当てが外れることもあるのです。

なぜなら、そこでは客観的なデータ、つまり、数値化された情報というものが、欠落しているからです。

私がメジャーで活用されている「ベースボール・オペレーション・システム（ＢＯＳ）」に目を付けた理由が、そこにありました。このＢＯＳの優れているところは、なんと言っても選手個々の能力を数値化できるということです。

映画『マネーボール』で有名になったアスレチックスのＧＭビリー・ビーンも取り入れていましたが、「マイナーに埋もれていて、それでいて足が滅法速い。それも、50メートルを何秒以内で走る」などという情報を打ち込めば、条件に合致した選手のデータがズラッと出てくる。しかも、このシステムは戦力の補強に役立つだけでなく、自軍の選手の育成にも繋がるのです。

初球のストライクを見逃す癖があり、それで伸び悩んでいる選手がいるとします。こうした選手に対しては、これまで「初球から積極的に打ちに行け」といったアドバイスが常でした。しかし、それでは不十分なのです。「君の場合、初球のストライクを見逃したときの打率はこの数字だけど、初球から行ったときの打率はこんなに高いんだよ」などとデータで示してやれば、その選手は非常に納得します。それによって、選手の潜在的な能力が開花することもあるのです。

そこにさらに、コーチやスカウトなどの報告システムを組み入れる。そうすることで、情報がどんどん多岐に渡り、しかも精緻になっていく。

二軍現場では直接報告システムを取り入れました。つまり、コーチングスタッフが選手やチームに対する意見を監督に報告するのとは別に、さらに本音を含めた意見を私のところにダイレクトに報告してくる。二軍監督時代の岡崎君にも、「二軍監督批判になると思って、君には遠慮して言えない部分もあるだろうから」と、二重の報告システムの意図を説明し、了解してもらいました。そういう下地を敷くことで、たとえば、こんなスタッフの本音を聞き出すこともできるわけです。

「ボロ負けした腹立ち紛れで、某コーチが某選手にひどい罰走をさせていた。故障にも繋がるし、担当外だが、それはいかがなものかと思う」

これを直接現場に報告すると、チームが分解しかねない。そこで、その報を受けた私が某コーチに「昨日たまたま宿舎に行ったら、某選手がヘトヘトで帰ってきたよ。何かあったの?」などと、さりげなく聞くこともできる。ワンクッション置くことで、コーチの暴走を防ぐこともできるわけです。

こうした多様な効果を生む「ベースボール・オペレーション・システム」を、私は何としても巨人で確立させたかった。実際、日ハムや中日などコーチ育成も含めたシステマティックな編成を敷くチームは強くなっています。阪神も球団社長だった野崎勝義さんの大改革で一時強くなりましたが、その野崎さんがいなくなってから（07年退団）途端に弱くなった。そういう意味で、編成とは兵站としての役割を果たすべきところ。ここが充実していなければ、チームも浮上できないのです。

しかし、私がその話をしたり、データ野球の重要性などを訴えると、コーチやOBなどで露骨に嫌がる人もいた。「そんなものは頭の中にあるよ」と言う人もいましたし、ある大物評論家からは「野球の素人に何がわかる」とマスコミを通じて批判もされています。

私が10年にヤンキースに赴き、BOSシステムの研修を受けたのは、深く勉強してみたいという気持ちもさることながら、こうした外部の声を鎮める目的もあったのです。いずれにしても、メジャーで目の当たりにした最新のBOSシステムは驚きの連続でした。それは、まさに野球の最新技術の宝庫とも言うべき世界だったのです。最新のクラウドシステムを駆使した巨人のBOSを一刻も早く確立させなければならない——。強くそう思いました。

しかし、渡邉氏は相変わらずでした。そのことを説明しても、糠に釘というか、理解したふうもない。安価に導入できるシステムだったせいか、ご本人もそのうちBOSのことなど忘れてしまったようでした。

清武氏が球団代表兼GMになってから3年後の07年。このシーズンから巨人はリー

グ三連覇を果たしている。さらに、08年からは山口、松本、長野久義、澤村拓一と、４年連続となる新人王を輩出した。同一チームにおける４年連続は、プロ球界初の快挙でもある。

その過程で、清武氏は巨人型のＢＯＳを完成させた。リーグ３位に終わった11年のことである。そして、同年オフには戦略室の創設を決定。その責任者として野村ＩＤ野球の申し子である橋上秀樹と秦真司を、それぞれ戦略コーチ、バッテリーコーチとして招へいした。野村ＩＤ野球を学んだコーチは、二軍も含めて６人にも上る。

７年の歳月をかけて構築してきたシステムが、ようやく統括的に機能しようとしていた。

〝橋上戦略コーチ〟のミーティング改革

「ヤクルトジャイアンツ」などと揶揄されたりもしました。ただ、育成の人材を獲得するうえで、私は「生え抜き」とか「純血」にはあまりこだわらない。まず人材を選ぶことが先決で、それをどのように戦力につなげていくかが、大事だと思っていました。

私が関心を寄せたひとつに、他チームはどういうミーティングをやっているのかということがありました。調べれば調べるほど、巨人のミーティング内容のあまりの違いに、「巨人はこのままじゃダメだなあ」と危機感を募らせました。しかし、現場ではない私がそのことを指摘すること自体、反発を招きかねない。やはり、現場の人間に進言してもらうしかないのです。

　ですから、橋上さんたちと交渉したときも、戦略的な考えも含めて、「どういうミーティングを考えているのか」を、かなり突っ込んで聞きました。その考え方に私自身納得したことで、入閣をお願いしました。

　秦さんも非常に勉強家でした。ミーティングの方法論などの説明を受けて、目から鱗が落ちる思いがしました。ということは、若手にとっても非常に勉強になるわけです。くしくも2人とも独立リーグの監督を経験していて、その苦労からも多くのことを学んだのでしょう。

　このミーティング改革も含めて、私はチーム浮上のためのシステムをトータル的に作り上げてきたつもりでした。それが、今の巨人に絶対的に必要であることを、渡邉氏にも幾度となく説明してきました。

　その渡邉氏がはたして、巨人の再建をどこまで真剣に考えていたのか。

今となっては、奮闘に満ちた7年間の改革があっただけでした。

若い力を原動力に快進撃を見せた今季の巨人。自ら編成を手掛けてきたそのチームの開花を見届けることなく、清武氏は渡邉独裁体制の読売に反旗を翻し、巨人軍を追われた。そして、法廷にまで持ち込まれた両者の暗闘は、今もなお執拗に続いている。

あるスポーツ紙記者の弁――。

「巨人軍選手の契約金上限超え問題にしろ、原監督の元暴力団員絡みの1億円女性スキャンダルにしろ、清武さんをその〝ネタ元犯人〟とする姿勢を巨人は相変わらず崩していない。清武さんはこれに関しても徹底抗戦する様子で、両者の溝は深まるばかりです。

一方、清武さんのいなくなった巨人フロントが、完全にナベツネ（渡邉氏）のイエスマンに成り下がったのも事実です。オーナー職を取り上げられた桃井（恒和）さんは、もともと存在感がなかったし、清武さんの代わりに代表兼ＧＭになった原沢（敦）さんと言えば、頭の低い好人物なのはいいが、大人しすぎて改革を断行できるタイプではない。その証拠に、清武さんが『三塁手は自前の選手で』と獲得しない方針だった村田（修一、前横浜）を、ナベツネを後ろ盾にした原監督の鶴の一声でアッサリ獲得している。

このままではナベツネ独裁体制が再び幅を利かせて、清武さんが断行してきた改革も、尻すぼみしていくだろうと言われています」

巨人のスキャンダルのネタ元にされたことについては、新たに訴訟も起こしました。都合の悪いことが発覚すると、私のせいにしたり、すぐに問題をすり替えてしまう。渡邉氏や読売グループの悪い癖で、大手メディアのあるべき姿とはとても思えません。

その渡邉氏と読売グループを告発してから、まもなく1年が経とうとします。早いです。厳しいことの連続でしたが、月日の流れとは、早いものだとつくづく思います。そして、これからも私は読売という大組織と戦わなくてはいけない。それは覚悟を決めて始めたことなので、愚痴を言うつもりは毛頭ありません。

ただ、プロ球団に深く関わった1人として、これからのプロ野球に危機感を抱いていることだけは付け加えなければならないでしょう。

はっきり申し上げたい。従来の古い考え方、運営方法では、プロ野球が衰退していくのは目に見えています。いずれ、大リーグに飲み込まれるでしょう。

今のプロ野球に何よりも必要なのは、イノベーション。それも、停滞することなく、断続的に続いていく改革なのです。私が巨人に導入したＢＯＳにしても、完成型というのはありません。それはアッという間に過去のものとなる。したがって、つねに進化させていかなければならないのです。一言で表現するならば、「知力」。その知る力、考える力こそが、プロ野球を救う大きな鍵となる。私は今でもそう思っています。

覆面番記者座談会「球界地獄耳」①

スポーツ紙が書かない2012年プロ野球〝オフレコ解禁〟ニュースShow

取材・構成＝白城嗣郎（ジャーナリスト）

巨人快進撃の功労者は原スキャンダルと清武元GM!?

――2012年のプロ野球界最大のスキャンダルといえば、暴力団関係者による巨人・原辰徳監督への〝1億円不倫スキャンダル〟恐喝事件。それにしても巨人による事件の幕引きは素早かった。

スポーツ紙記者A　巨人と原監督は、週刊誌にリークしたのは清武英利元GMだと決めつけたうえで、巨人は原監督の職責は問わないとした。清武元GMとの名誉毀損裁判を抱えており、内容に関係なく原監督を処分することは清武元GMへの追い風になってしまう。そのためにはできるだけ動揺を見せていないように装うしかなかった。

ジャーナリストB　1億円スキャンダル発覚（6月21日発売の『週刊文春』誌上）後、

原巨人は首位独走態勢に入ったが、明らかに野球の内容が変わった。開幕直後は重量打線にほぼノーサインで打たせる野球だったのが、スキャンダルの影響で原監督の影が薄れ、それまで機能していなかった「戦略室」が前面に出るようになった。足技を絡めたスモールベースボールが徹底化され、それが快進撃につながったようだ。

スポーツ紙デスクC　戦略室は野村ID野球の愛弟子と言われる橋上秀樹コーチを招へいして、今シーズンから創設されたものだが、野村ヤクルト出身の秦真司コーチとともに橋上コーチを採用したのが、当時のGMだった清武氏。巨人の快進撃は清武氏の功績ということで、ナベツネ（渡邊恒雄球団会長）も痛し痒しだろうね。

スポーツ紙記者D　開幕直後に5連敗して6年ぶりに最下位となり、泥沼状態だったからね。1億円スキャンダルが出たあとも下位を低迷していれば、100％途中解任だったと思うね。

A　シーズン中の解任どころか、野球協約には「暴力団員等の間で金銭授受があった場合には、コミッショナーが失格処分とする」と明記されており、相手が暴力団関係者であれば原監督は永久追放処分となる。そのため巨人は、1億円を渡した事実を認めても、相手が反社会的勢力でないことを強調する必要があった。報道直後に週刊誌を相手に損害賠償請求の訴訟を起こすとぶち上げたが、争点は恐喝の相手が暴力団関係者かどうかの1点だけ。1億円を払ったことに対して不問にふすというのも、どうかと思うが。

B　1億円を渡したとされるX氏は、表向きは熱海で旅館を経営しているし、もうひとりは1億円を手にした翌年に事故死している。巨人は1億円を受け取った2人が暴力団関係者ではないことが証明できると確信しているようだね。

C　X氏の息子は現役のプロ野球選手だったが、監督が交代してから出場機会が激減し、このオフに戦力外通告を受けてしまった。騒動との関連はわからないが、引退後に巨人が裏でフォローすることで、X氏を味方につけることもできるだろうしね。

A　原監督を解任すれば、清武氏に屈したことになる一方で、昨年のドラフトで日本ハムに強行指名されて浪人中の菅野智之（東海大）を逃すことになっていたかもしれない。巨人は原監督より大学野球界に大きな影響力を持つ、原貢氏（原監督の実父、菅野の祖父）を敵に回したくなかっただろうしね。

――原監督は二重三重の理由で身分が補償されていることになるわけだ。

D　WBCの監督は第2回優勝監督の原辰徳が既定路線だったが、スキャンダルで候補選びが二転三転した。

B　リーグ優勝すれば監督やコーチはいじらないというのが球界の常識だが、マイナーチェンジすれば原カラーが薄まると見られている。清武氏が体を張って守った岡崎郁ヘッドコーチ問題もあるし、ナベツネがゴリ押ししようとした江川卓の巨人入閣問題も積み残されている（編注：その後、岡崎一軍ヘッドは二軍監督に、かわって川相二軍監督が一軍ヘッドに昇格する来季人事が発表された）。

A　勝てば官軍。優勝ですべてがチャラになるのがこの世界。ただ、若大将・原辰徳のさわやかイメージがファンの中で変わったことだけは間違いないですね。

阪神・金本の電撃引退で評論家の椅子取り合戦再燃

――阪神では現役続行と見られた金本知憲が電撃引退を表明したことで、関西球界はかなり混乱したようだ。

A　金本は現役続行の予定だったが、金本と話し合いを持った球団社長と中村勝広GMが来季構想を淡々と述べ、「現役続行なら代打」「二軍での調整もありえる」との条件を提示された。これにブチ切れた金本が、突然の引退表明をしたというのが舞台裏です。

C　金本は世話になった球界関係者や後援者に「今日、引退会見をする」と電話で報告しておきながら、球団にはギリギリまで伝えなかったという。そのためマスコミの問い合わせに、球団事務所はパニック状態だった。

B　星野監督率いる楽天か古巣広島への移籍の可能性もあった。しかし、星野監督も三木谷オーナーに無理が言える成績を残しているわけでもなく、広島もＦＡで出ていった〝裏切り者〟を受け入れるほど寛容じゃなかった。

D　金本の引退で混乱したのは、阪神関係者だけではなく、スポーツ紙や放送局といったマスコミ。それ以上に大変だった。予定外だった金本の引退で、評論家の椅子取り合戦が再燃してしまった。

A　関西では、このオフはオリックスをクビになった岡田彰布前監督が『デイリー』に再就職し、阪神のＧＭに転出した中村勝広を抱えていた『スポニチ』が、現役引退した田口壮（オリックス）を引き取ることになっていた。そこに予定外の金本の引退ですからね。緊縮財政の『サンスポ』をはじめ、各社とも評論家を減らす方向にあったが、全国区人気の金本だけに、一斉に獲得の動きを見せたわけです。

D　『デイリー』は引退表明後も連日のように金本ネタで一面を張ってアピールを続けた。現状では受け入れる余裕がない『報知』では、なんとか掛布を阪神のコーチに転出させられないかと、球団関係者に猛アピールをしたという。『スポニチ』でも赤星憲広、矢野燿大、平田勝男、広澤克実といった専属評論家が阪神のコーチに転出するように水面下で動いていたようだ。本命と言われていた『日刊スポーツ』でも梨田昌孝、山田久志の２人をオリックスの監督候補として情報を流すなど席を空けるのに必死で、各社とも系列の放送局と連動して、金本の専属契約料捻出に動いた。

B　金本は2、3年後にコーチとして復帰すると言われているが、阪神では和田監督の次は矢野監督だと言われている。平田をはさむ可能性もあるが、矢野と金本は同い年ながら東北福祉大学では一浪している金本が矢野の1学年後輩となる。このような複雑な関係があるので、矢野が阪神の監督をやるようなら、金本は広島に帰るのではないか。

A　金本に続き、城島健司まで引退を表明したのには驚いた。城島は来年13年が4年契約の最終年となっていたのにね。

C　阪神には物言う株主という怖い存在があるからね。6月の「阪急阪神ホールディングス」（持ち株会社）の株主総会では、阪神ファンを名乗る株主から「外から城島健司や小林宏をよんでも活躍していない。給料は高いのに、不良債権を抱えているだけだ」と名指しされると、場内から賛同の拍手が起こっている。昨年は真弓明信監督の選手起用法や金本の守備について意見が出た。株主総会では恒例のシーンとなっているが、同じように名指しされた小林宏も戦力外通告を受けてしまった。2年契約が切れたとはいえ、小林宏はＦＡでの獲得だったわけだからね。阪神では株主の存在は侮れない。

D　侮れないのは株主だけではないからね。経営統合時の阪急電鉄側と阪神電鉄側の取り決めでは、阪急電鉄側がタイガースに口出ししないのは16年まで。17年以降は阪急側の発言力が増すため、球団経営に細かく注文をつけるようになるだろうね。

A 城島は日米通算1837安打でしょう。あと123本を打って名球会に名を連ねるまでは、現役にしがみつくと思ったけどな。

B 弱り目に祟り目というか、城島の出身地の長崎県佐世保市にある「城島ベースボール記念館」が5月末をもって閉鎖してしまった。やはり九州では阪神・城島は裏切り者扱い。ソフトバンク時代には観光バスで九州一円からファンがやってきたが、メジャー移籍で序々に客足が減り、阪神移籍で閑古鳥が鳴くようになった。

D 現役を続けていれば、来年の株主総会でも同じ質問が出て城島騒動が起きていただろうけどね。

第3回WBCの監督が山本浩二になったわけ

――結局、第3回WBCに参加することになったが、選手会の不参加決議とはなんだった？

A サッカーのW杯や五輪では、各国代表のスポンサー権やグッズ商品化権はそれぞれの国にある。ところがWBCでは、それを大リーグに譲渡することが参加条件になっている。そのうえで利益配分されるが、選手会は「大リーグ側が日本代表へのスポンサー権、グッズ販売権を認めなければ参加しない」と主張していた。

B　そもそもこの大会の主催者は大リーグ機構と大リーグ選手会。参加費用などすべて主催者が持ち、参加国は選手を派遣するだけという招待大会ではあるが、サッカーのW杯とは違ってスポンサー権などもすべて主催者が握るという構図になっていた。スポンサー収入の７割は日本企業であり、日本代表を応援する企業のスポンサー権は日本のものであり、これが主催者の懐に入るのが納得できないというのが選手会の主張だった。真っ当な意見だと思いますね。

A　日本シリーズやオールスターの収益に頼ってきた日本野球機構（ＮＰＢ）では、新たな事業を立ち上げるために〝侍ジャパン〟を商標登録した。４年単位でスポンサーを募り、グッズ販売や年２回の国際試合開催の放映権料などで年10億円、４年で40億円を野球振興の財源とするために、新たに活動を始めることになっている。選手会としては、ＷＢＣだけ例外にはできないというわけです。

C　選手会は挙げた拳をどこで下ろすかと注目されていたが、日本のスポンサー権が認められ、ロゴを使わなければ宣伝活動ができるようになった。これで選手会も顔が立ち、参加を表明することになった。

A　ただ、本来の目的は大リーグ66％、日本13％の利益配分の変更だった。配分率を上げて、11年に解散した50年続いた選手年金復活の原資にするつもりだったが、これ以上要求すると大リーグ側が激怒し、日本抜きで開催される可能性があった。お互いに顔を立てたということのようだ。

D　たしかにスポンサー権やグッズ商品化権がその国にあるサッカーのＷ杯や五輪とは違うが、大リーグ側もＷＢＣの立ち上げ時点から金儲けのための国際大会だと説明していた。これを承知で日本も第１回大会から参加しているからね。もちろん当時は反対の声も多かった。それをねじ伏せたのは、第１回ＷＢＣの監督を務めた王貞治ソフトバンク会長だった。「サッカーも最初からあんな隆盛ではなかった。日本が勝つことで立場を強くして発言して改善していけばいい」と言ったことで流れが変わった。それで大会２連覇を達成したため、今回は改善要求してもいいという空気になった。選手会に影響力がある王会長も、前回のような発言をした手前、選手会の発言に異議を唱えられなかった。

A　大リーグ機構も日本のプロ野球の事情をよく把握しているのか、読売にアジアラウンドの興行権を与えている。相当にあせっていたんでしょうね、渡邉会長はラジオ番組に出演して「不参加はよくない。日本が入らないと国際的なクラブ野球にならない。ぜひ参加してほしい」と力説していた。韓国、中国、台湾だけでは東京ドームに閑古鳥が鳴いていただろうからね。

B　ただ、米国本土ではＷＢＣは大リーグのオープン戦以下の関心度しかない。優勝を狙っているのは日本と韓国ぐらいで、米国チームは開幕前のケガを恐れてスーパースターは出てこない。それもそのはず、大リーグ側の取り分は66％で、黙っていても大金が転がってくる。日本が優勝しても、利益配分は13％しかない歪な構造となっていますからね。

C　そもそもＷＢＣは大リーグの収益拡大の手段であると同時に、日本や韓国をはじめとした大リーグで使えそうな外国人選手の品評会という意味合いが強い。日本や韓国に決勝まで進んでいいプレーをしてくださいということなんですよ。

D　逆にそれがわかっているので、選手会の不参加表明に反発していた選手も少なくなかった。広島の前田健太も「1回も出ていないので出たい」と熱望していたが、いずれメジャーで勝負したいと思っていたり、純粋に世界の舞台で実力を試したいという若い選手もたくさんいる。選手会が一枚岩でなかったのも事実です。

——監督選びも難航したが。

A　人選は加藤良三コミッショナーに一任されていましたが、ほぼ内定していた第2回大会の指揮を執った原監督は〝1億円不倫スキャンダル〟で白紙に戻ってしまった。そこで注目されたのが、ＷＢＣの冠スポンサーのひとつ、コナミのＣＭに起用された落合前中日監督でした。しかし、落合監督は8月に顔面麻痺で病院に運び込まれるなど体調の不安が出てきた。野村前楽天監督も2年前に動脈瘤で倒れている。最終的には前年日本一のソフトバンク・秋山監督に白羽の矢が立ったが、チームの成績が芳しくないため固辞。第1回優勝監督でソフトバンクの王会長が説得役に回るなど二転三転した。

D　やりたかったのは北京五輪のリベンジをしたい星野一派だけ。ユニフォーム組の星野仙一、田淵幸一に尻を叩かれて山本浩二が手を挙げざるをえなかったらしい。

B　長嶋監督が就任直後に脳梗塞で倒れ、北京五輪でメダルを取れなかった星野監督が評価を落とすなど、代表監督には旨みがないと思われている。WBCに読売のニオイがする限り、4年ごとに同じことを繰り返すだけじゃないですかね。

読売グループがおびえる不祥事ファイルの流出

――今年の開幕前、『朝日新聞』が報じた新人選手の契約金問題。巨人が逆指名選手の阿部慎之助に10億円を支払ったのをはじめ、6選手と最高標準額（1億円＋出来高5000万円）を超える契約を交わしていたことが発覚した。

A　あの記事が持つ意味は大きかった。時期が古いし、税務処理もされたものだが、税金対策として分割払いすることを持ちかけるなど、巧妙な手口も判明したからね。

B　日本ハムに横槍を入れられて浪人生活をしている東海大・菅野智之の入団頓挫問

題を抱えていた巨人では、今年のドラフトで同時に亜大・東浜巨の獲得も目指していた。そのため巨人は、今年のドラフトで逆指名の復活をしようと水面下で動いていた。『朝日新聞』の記事は、この動きにストップをかけるのに十分な効果があったようです。

D　巨人はルール違反ではないと主張するのが精一杯で、金銭の動きまでは否定できなかったからね。でも、こんなもの、氷山の一角です。

C　巨人には不祥事ファイルというものがあるそうだ。金銭問題だけでなく、女性問題や暴力団問題など、個人名別に示談書や交渉経過がまとめられており、それらが何らかの形で外部に流出しているとか。原ファミリーの元コーチが九州の女性に傷害事件の慰謝料として１５００万円を支払って和解した示談書をはじめ、暴力団の企業舎弟との関係があった元コーチの資料、宮崎キャンプで女性問題を起こしてクビなったコーチのファイルもあるという。投げる不動産屋と言われた桑田真澄が現役中に20億円とも言われる損金を出し、これを巨人が肩代わりした。それを年俸に組み込んで分割で支払う形で借金を減らしていったが、こういった資料もそろっているらしいね。

B　ドラフトから逆指名がなくなったことで、〝裏金〟が不要になって助かっているというスカウトは多いけどね。

A　その一方で不透明な面も残っている。他からの指名を受けても巨人にこだわり続けてきた長野久義や菅野智之の場合、本当に裏金が出ていないのか。それを誰も証明できない。いくらの契約金で入団したかは、選手同士でも話題に出さないからね。球団内でも一種のタブーになっており、正確な数字を把握しているのは幹部の数人に限られる。分割払いになっているものを経理部が粛々と振り込み続けるだけですからね。

D　たしかに昔は凄かった。『朝日新聞』が裏金を報じた上原浩治（大体大）と二岡智宏（近大）は１９９８年の目玉だった。上原はメジャーか巨人かの選択となり、二岡は広島の名門・広陵高出身ということで、早い時期から広島が学費を負担するなど囲い込んでいると言われていた。遊撃手が欲しい阪神は、掛布の背番号31を条件に最高額の提示をしたが、それでも九分九厘、広島と見られていた。ところが、最後に出てきた長嶋巨人が吉村の背番号７を条件に猛攻撃を仕掛けてきた。それで上原と二岡の１、２位の逆指名をあっさり決めてしまった。

B　あるスカウトに言わせると、金と誠意と工夫が必要なのがスカウトの仕事なんだそうです。これからも時節に応じた裏技が出てくると思いますよ。

A　マネーゲームになれば巨人に勝てないというのが、当時の球界の常識だった。巨人が１人の新人選手に出す額が、ＦＡや外国人も含めた年間補強費と同じだとヤクルトのスカウトが嘆いていたが、当時は誰もが巨人の出す額はビジネスとしてはリスクが大きすぎる投資だという認識を持っていたからね。

D　今年7月、加藤良三コミッショナーの3期目の再任が承認されたが、読売グループが推薦する人物がコミッショナーに就任しているようでは球界改革など無理です。

日本球界をけった大谷の評価は分かれるところ

――今年のドラフトでは、日本ハムの指名を拒否して現在“就職浪人中”だった菅野智之（東海大）を巨人が指名するかどうかが焦点だった。

A　日本ハムが再指名する可能性があるという噂が流れた。基本的にドラフト指名した選手に入団を拒否された球団は、野球協約により翌年のドラフトでは指名できないことになっている。しかし、就職浪人は例外になるというのが日本ハムの主張。NPBに照会したが、返事がなかったそうです。

B　今年のドラフトでは、早くから東浜巨（亜大）、菅野智之（東海大）、福谷浩司（慶大）、大谷翔平（花巻東高）、藤浪晋太郎（大阪桐蔭高）が1位指名候補と言われていたが、下馬評通りの指名だった。

D　菅野より東浜を獲得したいというのが巨人の本音だった。「東浜の右打者へのツーシームは大学生では打てない」というのがほとんどのスカウトの評価です。東浜のオヤジは子どもの名前に「巨」の一字を入れるほどの巨人ファンだし、巨人は巨人で、亜大ＯＢの阿波野秀幸を二軍投手コーチに招いて準備もしていた。昨年のドラフトで日本ハムが横槍を入れなければ、という思いは強かったはず。

C　ただ、東浜のオヤジは巨人ファンでも、本人は日本ハムファンでダルビッシュに憧れているらしいけどね（笑）。

A　横浜ＤｅＮＡの高田繁ＧＭまで「うちは菅野か東浜を指名する」と意地悪な発言をしてたが、昨年のドラフトで巨人が菅野を獲得していたら状況は一変していただろうね。1億円スキャンダルの原は用済みということで途中解雇されていたりしてね。

C　昨年、菅野が獲得できていたら巨人の裏金工作が再開していたんじゃないですか。夏には『報知』の紙面で「巨人しか行かない」と東浜が表明していたと思います。

B　巨人は桐光学園高の2年生エースの松井裕樹投手の囲い込みに走っているんじゃないですか。夏の甲子園では1回戦で大会新の22奪三振、史上3位の大会通算68奪三振の左腕には、〝工藤公康の再来〟と、スカウトの評判も高いからね。

A　今年は高校生の評判がよかった。〝浪速のダルビッシュ〟と言われ、春夏連覇の大阪桐蔭高の藤浪晋太郎投手が、１９７センチの長身から投げ下ろす最速１５３キロの速球は超高校生級ですからね。クジ運が悪いといって、競合を好まない阪神ですらドラ1候補としてリストアップしたほど。藤浪も「メジャーには関心がない。12球団ＯＫ」とプロ宣言していた。阪神が4球団競合の末に抽選で引き当てたが、クジを引いた和田監督は、それでシーズンの成績不振がすべてチャラになったほど。阪神は85年に清原を外して以来、12連敗中でしたからね。

C　２位では、春夏とも甲子園の決勝で大阪桐蔭と対戦した光星学院の北条史也まで獲得。阪神ファンは盆と正月が一緒に来たかのような騒ぎでした。

B　岩手県予選で１６０キロをマークして〝東北のダルビッシュ〟と言われる花巻東高の大谷翔平は、「メジャーに行きたい」とドラフト前に会見したが、日本ハムが強行指名した。親や監督も反対しているというし、事実上の逆指名となる密約説も流れたほど。

C　大谷の評価は分かれるところ。ストレートは速くても、制球力が定まらない。おまけに肝心な場面で四球やタイムリーを許す不安なピッチングが多い。「プロ入りしても２年は二軍で鍛えないと」と言われているし、左打席でのパワーあふれる打撃とイチローばりの矢のような送球を評価して、野手として指名したいという球団もあったほど。

B　阪神が獲得した〝坂本二世〟と言われる夏の甲子園準優勝の光星学院高の北條史也が高校生野手ではピカイチ。夏の準決勝では２打席連続でバックスクリーンへ本塁打を放っており、非凡な打撃と堅実な守備が評価されている。

A　他にも今年は高校生の評価が高かった。１４０キロ台のストレートが武器の愛工大名電高のエース濱田達郎は中日が2位、昨年の甲子園で特大本塁打を打った龍谷大平安高の高橋大樹は広島が1位、〝和田毅二世〟と言われ148キロのストレートを投げる東福岡高の左腕・森雄大は楽天1位など、いずれも予想通りに上位指名された。その一方で優勝した大阪桐蔭高の水本弦主将、浦添商高の主砲・呉屋良拓、浦和学院高のエース佐藤拓也など、東京六大学への進学組も多いが、〝斎藤佑樹・田中将大世代〟以来の盛り上がりを見せた。

D 巨人が既定路線の東海大・菅野の指名で固まっていたことで、裏での盛り上がりには欠けたけどね（笑）。

ストーブリーグの舞台裏——あのダメ監督の首はなぜつながった？

——このオフの12球団の監督、コーチ人事は意外にも荒れなかった。

A ロッテの西村監督の解任は予想外でしたが、他はそれほどでもなかった。成績は悪いが、就任1年目とかでクビになる監督が少なかったからね。3年契約の最終年となるオリックスの岡田彰布監督の解任は、早い段階から決まっていましたけど。

B オリックスは過去の実績からいえば、借金5～7が監督の途中解任のデッドラインと言われていた。03年4月に解任された石毛宏典監督は借金5、08年6月のコリンズ監督は借金7だった。交流戦を終えて借金9とデッドラインを超えていた岡田監督には途中解任の可能性もあったが、宮内義彦オーナーも、関西での岡田人気に負けたようだ。

D　後任監督には、前日本ハム監督で近鉄ＯＢの梨田昌孝、阪急ＯＢの山田久志、関西出身で野村ＩＤ野球を継承する古田敦也などの名前が挙がった。しかし、最終的には森脇浩司コーチの内部昇格だった。大物に断られたらしいが、カネをかけなかったということでしょう。梨田は阪神の監督人事でも名前は出ていたが、和田豊監督の続投が決まり、後任も平田勝男、矢野燿大とＯＢ路線で固まったことで出番がなくなった。それでオリックスの最有力候補になっていた、山田久志監督が誕生しなかったことで、オリックスへの移籍を期待していた中日の平井正史は一時行き場を失ってしまった。結局、オリックスが拾ってくれたが、中日でのコーチ就任を断って、現役続行を表明していただけに気の毒だった。

A　マスコミ辞令はこれがあるから怖い。いずれにしても、続投の和田監督の采配が心配ですね。

C　シーズン中、和田監督のＯＢや評論家の声に耳を傾ける〝思いやり采配〟が話題になっていた。スポーツ紙でＯＢ評論家が書いたことが、その２、３日後に実現することが多かった。テレビ解説で吉田義男ほか、小山正明、福本豊、矢野燿大といった

ＯＢが話したことを、翌日に実践しちゃうんですからね。契約を1年残して解任された真弓明信前監督のテレビ解説まで参考にして取り入れたのだから……。かなり迷っているのか、相当に聞く耳を持っているかでしょう（笑）。

B　落合カラーを払拭させるために、ワンポイント起用された中日・高木守道監督も続投になった。とにかく沸点の低い高木監督には周囲が呆れている。番記者からは〝エーテル高木〟と呼ばれています。スタンドからの「岩瀬じゃダメだろう。考えろ、バカヤロー」というヤジに「考えてるわ、バカヤロー」とやり返している。口癖は「お前らが勝手にやればいい」というもの。試合後のミーティングで監督への要望が出ると、黙り込んでしまったあとに最後は「お前らが勝手にやればいい」ですからね。

D　それでいてすぐにマスコミにペラペラしゃべってしまう。サービス精神ゼロだった落合前監督を反面教師にしているのだろうが、権藤博投手コーチとの確執（編注・その後、権藤コーチの解任が決定）はいただけなかった。ローテーションを監督が批判したり、山本昌の起用をめぐって意見が対立したり。リリーフの名前を間違えるなど日常茶飯事で、最後は1年契約の権藤コーチが解雇されて決着がついた。この内紛は来シーズンまで持ち越せない問題に発展していたからね。

B　勝利至上主義の落合前監督でファン離れが起き、ＯＢたちで固めた。キャンプからファンサービスに徹したが、まったく観客動員にはつながらなかった。交流戦前の巨人との3連戦の段階で3試合とも3万人割れを記録し、そのまま交流戦に突入。シーズンを通して観客増とはいかなかった。練習を放り出してサインまでしていた高木監督がファンに向かって「バカヤロー」ではね。再編された営業担当者も泣いています。

A　中日は後継者を作りたいが、選手、フロント、営業、マスコミまでもが、立浪和義派と山崎武司派で真っ二つに割れている。ファンに人気抜群の立浪はタニマチの筋が良くないと白井文吾オーナーも二の足を踏んでいるし、山崎監督では立浪ファンが離れてしまう。中間を取って山本昌でどうかという話が出ています。

D　最下位でもさすがに1年目の中畑清ＤｅＮＡ監督は続投でしたね。成績は悪くても社名の宣伝効果は抜群だったからね。初ＣＳ出場を目指して頑張った広島・野村謙二郎監督も安泰だったし、ヤクルトもいつ荒木大輔に監督を禅譲するかの問題だけですからね。

B　パはオリックス以外は安泰と言われていたが、ロッテの監督交代（西村監督が退団し、元西武の伊東勤が新監督に就任）は意外でした。今シーズンのロッテの快進撃には、誰もがクビをかしげていたほどですからね。一昨年がリーグ3位からの日本一、昨年は最下位で大補強は自粛されたが、巨人から出戻ったサブロー、同じく巨人をクビになったグライシンガーを３０００万円とタダ同然で雇い入れ、藤岡、中後、益田の新人3人を補強したぐらい。フロントも本社の総務畑の素人ですからね。身売りのための残務整理にきたフロントと陰口を叩かれていたのに。

C これまで仲良しクラブだったが、今季は、二軍に回されていた西本聖投手コーチ、高橋慶彦ヘッドコーチの一軍復帰で、西村監督とは犬猿の仲のコーチが復帰した。フロント主導の配置だが、西村監督もふてくされてやる気がなかった。「勝手にやったら」とヘッドコーチに任せたら、一時は首位争いをしてしまった。最後は息切れして、悪い面ばかり出てしまいましたけどね。

A 日本ハムの快進撃にも球界全体が困惑してましたね。栗山英樹監督が初の国立大出身、前大学教授までは許せる。しかし、現役から20年以上経っていて、コーチ経験もなく、それも落合前監督のような現役での実績のない選手が1年目でリーグ優勝ですからね。シーズン前から、栗山監督の成績次第では〝監督の条件からコーチ就任が消える〟と注目されていたが、これで監督選びの基準が変わってしまった。ノムさんも「俺たちがバカに見える」と苦笑いしていた。

B 下積みが嫌いな江川卓、桑田真澄、清原和博と予備軍はたくさんいますからね。今年のＭＶＰは栗山監督で決まりだな。

（一部敬称略）

第2章　プロ野球を動かすウラ人脈の世界

原ファミリー、星野ジャパン、野村門下生から落合一家まで！

江本孟紀の球界ウラ人脈講座

取材・構成＝鵜飼克郎（スポーツライター）

球界ＯＢの派閥が監督・コーチ人事に影響

――長嶋茂雄と野村克也。〝ひまわり〟の花にたとえられる長嶋茂雄に対し、〝月見草〟と言われる野村克也。まったく正反対の野球人生を歩んできた２人だが、それぞれを支える野球人たちがいる。こういったプロ野球の派閥や人脈は、どのように形成されるのか。

江本　プロ野球選手は常人とは違う能力を持った異端児ばかり。そのため基本的には一匹狼と言えます。しかし、子どもの頃から体育会系で育っており、プロに入ってからも抵抗なく師弟関係ができやすい。当初は入団した球団の人脈に組み込まれていくことになるが、これに大学・高校といった学閥、出身地などが微妙に絡んで新たな派閥ができあがる。

たとえば巨人では、川上派（川上哲治）、関西では鶴岡派（鶴岡一人＝故人）が有名だが、川上派から長嶋派（長嶋茂雄）、王派（王貞治）、藤田派（藤田元司＝故人）が派生し、藤田派の下に原派（原辰徳）ができた。鶴岡派の下には杉浦派（杉浦忠＝故人）、広瀬派（広瀬叔功）、野村派（野村克也）があり、野村派から古田派（古田敦也）へとつながっていく。このエモトも野村派の１人です（苦笑）。

——江本さんが野村派？

江本　野村さんが「あいつは弟子や」と言っているから、僕もしょうがないから「師匠」と呼んでいます（笑）。野村さんは人の世話をするタイプじゃないし、誰かに推薦してくれるわけでもない。仕事のひとつもとってきてくれない。なんのプラスもありませんけどね（笑）。

——派閥はそれぞれの球団にある？

江本　阪神だと吉田派（吉田義男）と村山派（村山実＝故人）が有名ですが、その昔、阪神では初代ミスタータイガースの藤村富美男さん（故人）が君臨すると、金田正泰さん（故人）を中心に対抗勢力ができた。それ以来、阪神ではオフに担当記者まで二分する監督選びが伝統となっているほど。ただ、最近はその頭となる大物が球界に見当たらないですがね（笑）。そのため昔ほど派閥を形成しなくなりましたが、それでも派閥人事は脈々と続いており、コーチなどの組閣に大きく影響しています。

――なぜあんな実績の選手がコーチとして残ることができるのかというケースも少なくないが、それらも派閥の影響？

江本　最近でいえば、そういった派閥中心の組閣をすることで有名なのは星野仙一さんでしょう。中日監督時代は中日ＯＢの島野育夫さん（故人）を参謀にして、明大の大先輩の岡田英津也さんや池田英俊さんをはじめ、母校である倉敷商、明大を通じての後輩となる加藤安雄、明大ＯＢの豊田誠佑、高橋三千丈で固めていました。星野さんは「監督だけでは何もできないのがプロ野球。スタッフに手を貸してもらって優勝というものがある。学閥を作ったわけではなく、いい人を集めたら明大出身者だっただけ」と言っていますけどね。

――01年オフに阪神の監督を引き受けたときも島野さんを連れてきた。

江本　島野さんがセットというのが阪神移籍の条件で、阪神の久万俊二郎オーナー（故人）が直々に中日の白井文吾オーナーに頭を下げに本社を訪問したほど。阪神でも明大ＯＢの平田勝男や広澤克実を可愛がっていた。

――やはりプロでは高校より大学の方がつながりは強い？

江本　即戦力として高校生ルーキーの多いＰＬ学園のようなケースもある。ＰＬの連中は自分たちが一番（野球が）うまいと思っているから派閥を作りたがる（笑）。最強チームだった頃の清原和博や桑田真澄ばかり注目されているが、得津高宏、加藤英司を頂点に尾花高夫、金石昭人、木戸克彦、立浪和義、宮本慎也、松井稼頭央、福留孝介、今江敏晃、前田健太と続いている。結束も強いし、清原が大きな顔をするのも無理はない。僕がいた法大なんていうのは、数ばかりで意外と人脈がない。みんなバラバラですわ（笑）。

――法大といえば鶴岡の親分を筆頭に、三羽ガラスと言われた山本浩二、田淵幸一、富田勝もいるし、江川卓もいる。

江本　山本浩二さんと田淵さんは法大閥というより、星野さんの派閥に組み込まれてしまっている（苦笑）。江川だって派閥の枠組みに収まるようなヤツじゃない。東京六大学で一番弱い学閥とちがいますか（笑）。

江本孟紀 ***Takenori Emoto***

高知商業高校、法政大学、熊谷組を経て1970年にドラフト外で東映フライヤーズに入団。翌年のオフに南海ホークスの野村克也監督に才能を見抜かれ、同球団にトレードで移籍。移籍初年度の72年には16勝を達成した。75年オフに阪神タイガースへ移籍（江夏豊を含む交換トレード）。81年、中西太監督の起用法を批判（「ベンチがアホやから野球がでけへん」）し、同年を最後に引退した。現役通算成績は113勝126敗19S。92年から2004年まで参議院議員を務める。
（撮影：金子靖）

東京六大学つながりだった〝星野ジャパン〟

——星野仙一、田淵幸一、山本浩二といえば、北京五輪で惨敗した星野ジャパンのメンバーだが。

江本　野村さんが「仲良しグループで失敗したんじゃないか」と発言し、落合も「監督経験しかない人たちが集まってどうするの」と指摘していたが、これは的を射ている。田淵さんは星野さんの下にくっついて楽天にまで行っちゃったし（編注・楽天の一軍ヘッドコーチだった田淵は今季限りで解任された）、山本浩二さんは〝星野ジャパン〟のリベンジとばかりに第３回ＷＢＣの監督に手を挙げた。学生時代にリーグ戦で戦った仲間には「東京六大学リーグつながり」というのがある。ほかにも「東都大学リーグつながり」や「首都大学リーグつながり」などがあり、東都大学リーグでも「中大系」「亜大系」「東洋大系」とかに分かれている。あとは「ノンプロつながり」とかも。

——ノンプロつながり？

江本　ノンプロも根は学閥。要するに高校や大学とパイプのある企業に就職し、その企業を経由してプロ球団に行くケースがある。巨人が高校でドラフト指名できなかった内海哲也が東京ガスを経由して巨人入りしたように、特定のノンプロチームを利用して囲い込みをするのはスカウトの常套手段。かつて阪急が関西財界のつながりで松下電器野球部から加藤英司、福本豊、山口高志を次々と獲得したこともあるし、西武なんかグループのプリンスホテルに野球部を作って有望な選手の囲い込みをしていた。球団はあの手この手で違反スレスレの供給ルートを作ろうとするが、選手にとっては同じ釜の飯を食ったということで仲間意識が芽生える。それが派閥になっていく。

――阪神では球団初のＧＭに中村勝広が就任したが、これによって阪神内の勢力図は変わってくる？

江本　中村勝広は早大出身。そのバックには早大ＯＢでロッテでのＧＭ経験がある広岡達朗さんの存在が見え隠れする。早大閥が暗躍することになれば、オリックスで結果が出せなかった早大ＯＢの岡田彰布にも復帰のチャンスが出てくることになる。和田監督は球界でも数少ない日大閥。阪神では長くＯＢ会会長をされていた田宮謙次郎さんが日大ＯＢだが、亡くなってしまった。球界全体でも日大ＯＢの宮田征典さんが亡くなり、契約金問題で騒がれた那須野巧まで引退（笑）。日大勢で目立っているのは巨人の長野久義ぐらい。ただ、長野はノンプロ（本田技研）のニオイの方が強い。

本邦初公開！ 球界人脈のルーツと相関関係

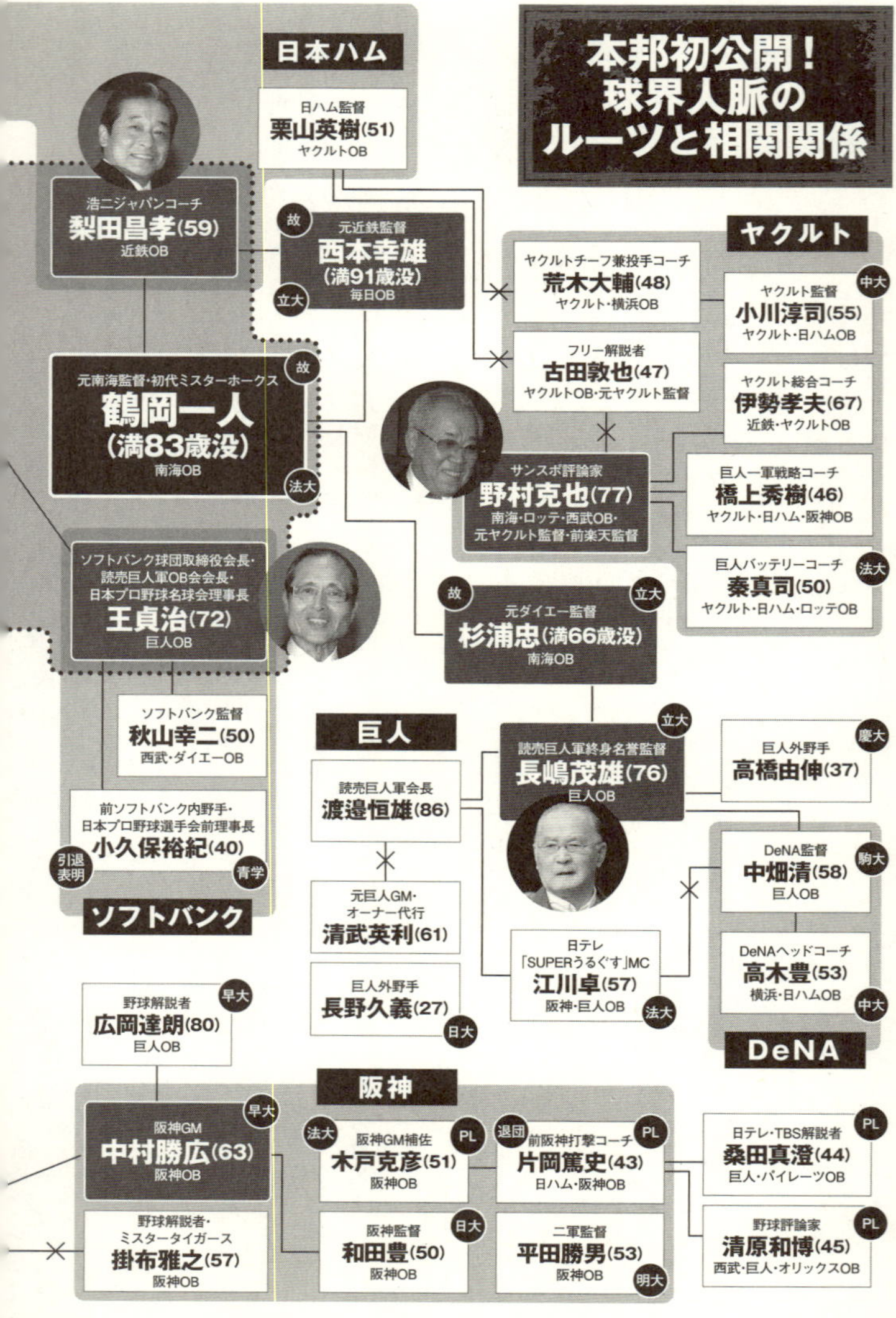
日本ハム
日ハム監督
栗山英樹(51)
ヤクルトOB
浩二ジャパンコーチ
梨田昌孝(59)
近鉄OB
故
元近鉄監督
西本幸雄
(満91歳没)
毎日OB
立大
元南海監督・初代ミスターホークス
鶴岡一人
(満83歳没)
南海OB
故
法大
ソフトバンク球団取締役会長・
読売巨人軍OB会会長・
日本プロ野球名球会理事長
王貞治(72)
巨人OB
ソフトバンク監督
秋山幸二(50)
西武・ダイエーOB
前ソフトバンク内野手・
日本プロ野球選手会前理事長
小久保裕紀(40)
引退表明
青学
ソフトバンク
ヤクルト
ヤクルトチーフ兼投手コーチ
荒木大輔(48)
ヤクルト・横浜OB
ヤクルト監督
小川淳司(55)
ヤクルト・日ハムOB
中大
フリー解説者
古田敦也(47)
ヤクルトOB・元ヤクルト監督
ヤクルト総合コーチ
伊勢孝夫(67)
近鉄・ヤクルトOB
サンスポ評論家
野村克也(77)
南海・ロッテ・西武OB・
元ヤクルト監督・前楽天監督
巨人一軍戦略コーチ
橋上秀樹(46)
ヤクルト・日ハム・阪神OB
巨人バッテリーコーチ
秦真司(50)
ヤクルト・日ハム・ロッテOB
法大
故
立大
元ダイエー監督
杉浦忠(満66歳没)
南海OB
巨人
読売巨人軍会長
渡邉恒雄(86)
元巨人GM・
オーナー代行
清武英利(61)
巨人外野手
長野久義(27)
日大
立大
読売巨人軍終身名誉監督
長嶋茂雄(76)
巨人OB
巨人外野手
高橋由伸(37)
慶大
DeNA監督
中畑清(58)
巨人OB
駒大
日テレ
「SUPERうるぐす」MC
江川卓(57)
阪神・巨人OB
法大
DeNAヘッドコーチ
高木豊(53)
横浜・日ハムOB
中大
DeNA
野球解説者
広岡達朗(80)
巨人OB
早大
阪神
阪神GM
中村勝広(63)
阪神OB
早大
野球解説者・
ミスタータイガース
掛布雅之(57)
阪神OB
法大
阪神GM補佐
木戸克彦(51)
阪神OB
PL
阪神監督
和田豊(50)
阪神OB
日大
退団
前阪神打撃コーチ
片岡篤史(43)
日ハム・阪神OB
PL
二軍監督
平田勝男(53)
阪神OB
明大
日テレ・TBS解説者
桑田真澄(44)
巨人・パイレーツOB
PL
野球評論家
清原和博(45)
西武・巨人・オリックスOB
PL

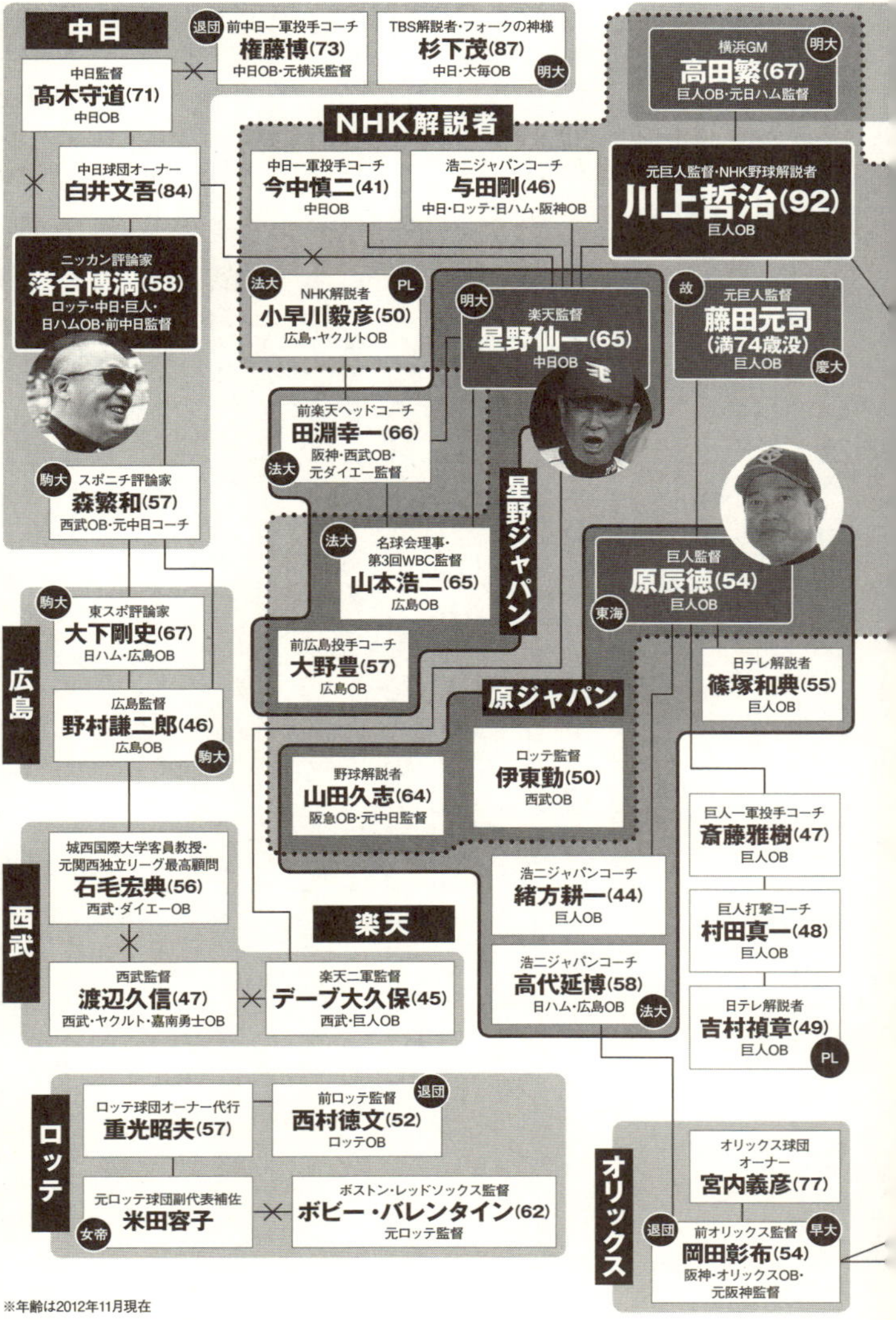
中日
退団
前中日一軍投手コーチ
権藤博(73)
中日OB・元横浜監督
TBS解説者・フォークの神様
杉下茂(87)
中日・大毎OB
明大
中日監督
髙木守道(71)
中日OB
中日球団オーナー
白井文吾(84)
ニッカン評論家
落合博満(58)
ロッテ・中日・巨人・日ハムOB・前中日監督
駒大
スポニチ評論家
森繁和(57)
西武OB・元中日コーチ
NHK解説者
中日一軍投手コーチ
今中慎二(41)
中日OB
浩二ジャパンコーチ
与田剛(46)
中日・ロッテ・日ハム・阪神OB
法大
NHK解説者
PL
小早川毅彦(50)
広島・ヤクルトOB
横浜GM
明大
高田繁(67)
巨人OB・元日ハム監督
元巨人監督・NHK野球解説者
川上哲治(92)
巨人OB
明大
楽天監督
星野仙一(65)
中日OB
故
元巨人監督
藤田元司
(満74歳没)
巨人OB
慶大
前楽天ヘッドコーチ
田淵幸一(66)
阪神・西武OB・
元ダイエー監督
法大
星野ジャパン
法大
名球会理事・
第3回WBC監督
山本浩二(65)
広島OB
巨人監督
原辰徳(54)
巨人OB
東海
前広島投手コーチ
大野豊(57)
広島OB
日テレ解説者
篠塚和典(55)
巨人OB
原ジャパン
野球解説者
山田久志(64)
阪急OB・元中日監督
ロッテ監督
伊東勤(50)
西武OB
広島
駒大
東スポ評論家
大下剛史(67)
日ハム・広島OB
広島監督
野村謙二郎(46)
広島OB
駒大
西武
城西国際大学客員教授・
元関西独立リーグ最高顧問
石毛宏典(56)
西武・ダイエーOB
西武監督
渡辺久信(47)
西武・ヤクルト・嘉南勇士OB
楽天
楽天二軍監督
デーブ大久保(45)
西武・巨人OB
浩二ジャパンコーチ
緒方耕一(44)
巨人OB
浩二ジャパンコーチ
高代延博(58)
日ハム・広島OB
法大
巨人一軍投手コーチ
斎藤雅樹(47)
巨人OB
巨人打撃コーチ
村田真一(48)
巨人OB
日テレ解説者
吉村禎章(49)
巨人OB
PL
ロッテ
ロッテ球団オーナー代行
重光昭夫(57)
退団
前ロッテ監督
西村徳文(52)
ロッテOB
元ロッテ球団副代表補佐
米田容子
女帝
ボストン・レッドソックス監督
ボビー・バレンタイン(62)
元ロッテ監督
オリックス
オリックス球団
オーナー
宮内義彦(77)
退団
前オリックス監督
早大
岡田彰布(54)
阪神・オリックスOB・
元阪神監督

※年齢は2012年11月現在

球団社長の後輩だからとドラ1指名を決めた阪神

——広岡達朗は春季キャンプで阪神の臨時コーチをしているが。

江本　広岡さんは阪神の南信男球団社長とも親しく、そのラインからの要請だったようです。その南社長は慶大出身。するとスカウトが、慶大というだけで社長に気を使って打てない伊藤隼太をドラ1で指名してしまう。所詮スカウトなんて何もわかっていないからね。特に阪神は抽選クジを引きたくないのか、選手の良し悪しを見極められないのかわからないが、競合する選手を避けて「隠しダマ」と称して無名選手を指名するようなところがある。現場のスカウトが何もわかっていないから、責任逃れのために上司の考えを聞く。そのためオーナーや社長、スカウト部長の出身大学や系列企業から後輩を上位指名することが多いんですよ。巨人でも創業家オーナーだった正力亨さん（故人）は慶大野球部後輩の藤田元司を可愛がったし、高橋由伸もエリートのニオイがプンプンして、将来の監督候補ですからね。

——スカウト部長の権限はどの程度？

江本　ドラフトやトレードで獲得した選手が活躍してチームが強くなれば、権限が与えられることになる。まぁ屁みたいに弱くて発言もできないことの方が多いですが……（笑）。ひたすらチームを強くするためにまったく派閥を考えずに補強していったのが根本陸夫さん。西武の黄金時代形成に大きな足跡を残し、ダイエーでも最強軍団を作り上げた人ですが、根本派を形成しているわけではない。しかし、ありとあらゆるところに人脈が張り巡らされており、しがらみがないから狙い通りの補強ができる。もちろん金にも糸目をつけなかった。今も学閥やチームに関係なく精力的に動いている輩もいるが、ほとんどが私利私欲で交差しまくっているだけです。

――巨人のＶ９時代は、川上派の選手しか使わないというようなことがあった？

江本　土井正三さん（故人）や黒江透修さんの控えとしてスーパーサブで活躍した瀧安治さんは、川上さんべったりだったので可愛がられたようです。引退後には巨人のコーチとして残ったし、川上さんの紹介でＮＨＫ・ＢＳの解説者もやっていましたからね。

――ＯＮの扱いは？

江本　川上さんは王貞治さんを溺愛していたが、長嶋さんには結構厳しかった。熊本工出身の川上さんは同じ高卒の王さんを可愛がったんじゃないでしょうか。野村さんのようにコンプレックスの塊だとコーチを全員大卒にしちゃう。で、「オレが高卒なのに、大卒をアゴで使っている。オレの方がエライやろ」と胸を張っている（笑）。４００勝投手の金田正一さんのように、学歴とかにまったくこだわらない人もいる。

こちらはなんでも自分が一番だと思っているから（笑）。

野村監督はなぜ日本代表の監督になれない？

――野村派は球界でも頭のいい人が集まっているような印象があるが。

江本　それは買いかぶり。たとえば巨人快進撃の立役者が野村のＩＤ野球を継承する橋上秀樹戦略コーチだと言われているが、真の野村野球に接したのは07年から3年間、楽天のヘッドコーチの期間だけ。野村さんの下でやってきたと野村派を名乗れば、今の球界では重宝がられますからね。でも、ちょこっとやったくらいではまだまだ野村学校では小僧です（笑）。野村門下生といえば、星野さんの参謀と言われた島野さんや、南海コーチ時代に勉強して広島の黄金時代を築いた古葉竹識さんのことを指します。

――戦略コーチに橋上秀樹を抜擢したのは、巨人から解任された清武英利元ＧＭの功績だと言われているが。

江本　戦略室は原が進言して作った部署で、清武さんは野球をまったく知らない素人。自分の発想でできるわけがない。実務は清武さんかもしれないが、ほとんどは原が進言したもの。

――原は監督として優秀じゃないですか？

江本　世間では落合が大監督といっているが、落合と原を比べると、監督の成績は原の方が上。落合と原はともに監督を8シーズンやっているが、お互い4回ずつリーグ優勝し、落合が1回、原は2回日本一になっている（編注：２０１１年度までの成績）。戦略コーチの存在で勝てれば苦労しない。野球というのは8、9割は選手の能力で、データや戦略で勝てる部分は残りの1、2割しかない。監督采配で勝つ試合となれば１４０試合のうち2、3試合ではないか。

――野村監督が采配しても同じ？

江本　やさしいことを難しく言うのが野村ＩＤ野球の最大の特徴。そこが世間にウケているのだが、データや戦略だけで勝てるほどプロは甘くない。実際、野村さんの成績を見ればわかる。楽天では4年目にようやく2位になったが、ヤクルト、阪神を含めれば7年連続Ｂクラス。4年連続最下位の監督は過去に例がない。このときに野村さんがなんて言ったかといえば、「オレがどんなに言っても選手がその通り動かなかった」って。でも、これは話が矛盾している。そういうチームをデータや戦略で強くするのが野村ＩＤ野球なのに、選手の力が足りないというのは本末転倒もいいところ。

ただ、野村さんが凄いのは視点が違うところ。それを伝えるためのパフォーマンスも超一流。

――そんな野村監督が、なぜか日本代表監督になれない。

江本　そのためのバックボーンがなさすぎる。野村さんはじめ、僕たちが育った南海はダイエーに身売りされたが、それがソフトバンクに転売された時点で南海は消滅してしまった。日本ハムは東映時代を引き継いでOB会組織もしっかりしているが、ソフトバンクでは球団史を無視するかのように南海のOB会すら存在しない。鶴岡さん、柚木進さん、新山彰忠さん、樋口正蔵さんと脈々と続いた南海での法大人脈も途絶えてしまった。ソフトバンクが交流戦で南海ホークスの懐古調ユニフォームを着てプレーしていたが、思わず「着てくれるなよ」って心の中で叫んでしまった。ホークスの名前をやめて、〝ソフトバンク・ケイタイズ〟に変えてもらいたいぐらい（笑）。

放送局・新聞社の人脈で引退後に椅子取りゲーム

――コーチ就任だけでなく、引退後に選手がテレビや新聞の解説者に転身するのも派閥が絡んでいる？

江本　今は放送局や新聞社の派閥、人脈がコーチ就任にも影響する時代だが、最も手厚いのが読売グループ。現役を引退したレギュラークラスやドラフト上位指名の選手を系列の新聞、スポーツ紙、テレビ、ラジオに振り分ける。それでも引き受け切れない場合には、新聞の拡販のために全国各地で開催している野球教室に派遣する。読売グループではそういう組織はしっかりしており、自然にＯＢたちの派閥ができあがる。コーチの空きが出ればそこから抜擢すればいい。03年オフの原監督解任、堀内監督就任で渡邉会長が「読売グループ内の人事異動」と発言したのも、その言葉の通りだった。

――親会社が同じ新聞社の中日でも同様のことが行なわれている？

江本　中日グループも面倒見がいいことで知られている。系列の新聞、スポーツ紙の評論家はもちろん、事業部が拡販のための野球教室をやっている。特に名古屋はすべての民放で中日戦を中継しており、中日ＯＢの評論家の需要がたくさんある。

――そういった形でできる派閥でも、みんな仲良くやれる？

江本　それはもう、金の力ですよ。金でくっついているから、現役時代に犬猿の仲と言われていても「ギャラをもらって行くのだから、それはそれでいいだろう」みたいに、割り切ってできる。引退後の生活の方が大事になってくる。

――巨人と人気を二分する阪神は？

江本　阪神はまったくダメ。親会社の電鉄事業にプロ野球選手が役に立てそうなことがひとつもないからね（笑）。阪神の場合は関西のスポーツマスコミに頼らざるをえない。

——阪神では選手の第二の人生も他人任せ？

江本　阪神の成績次第では、監督やコーチの入れ替えが行なわれる。これに準じて引退や退団した選手やコーチによるスポーツ新聞や放送局の解説者の椅子取りゲームが始まる。

——阪神名物のストーブリーグ。

江本　監督やコーチ経験者、あるいは赤星や矢野のような人気選手に限られるが、スポーツ紙各社は「情報源」に自社専属評論家を監督として送り込もうとして、記事でアシストする。これに放送局も絡んでくるために阪神のストーブリーグは盛り上がる。特に放送局は専属解説者が監督やコーチになると「うちの評論家だった」と中継の中で自慢する。これは氷山の一角。毎年のように放送局と球団の間でキャッチボールが行なわれている。まさしく解説者の互助会システム。札幌、名古屋、広島、福岡と、どこでも同じようなことをやっている。

——地元密着型の解説者？

江本　実はローカル局の解説者の方が実入りはいい。僕の場合は、フジテレビの地上波での全国ネットは年3回だけ。ところが、ローカル局はホームゲーム72試合を中継しており、頻繁に中継の仕事がある。地元では露出度も高く、全国放送でなくても地元で野球教室をやれば人気者として扱ってもらえる。なんと福岡ドームの受付嬢は、僕の顔を知らないんですからね。「お前、若菜（嘉晴）を知ってて、オレを知らんのか」と毎回喧嘩ですよ（笑）。

――広島ＯＢも地元密着型が多い？

江本　達川光男はフジテレビやニッポン放送と東京での仕事が中心なのに、いまだに家は広島にある。広島商、広島カープの人脈を大切にしている。地元の人脈を大切にしながら銭は東京で稼ぐ。知名度は全国区ですからね。偉いやり方だと思う。

――達川光男は異例として、一般的に地元局の解説者をやりながら球団からお呼びがかかるのを待っている。

江本　また球団に雇ってもらおうという腹があるため、中継では口が裂けても球団や選手の悪口を言わない。これは大阪エリアが極端。阪神の前ヘッドコーチの有田修三は近鉄や巨人、ダイエーで野球をやっていて、阪神とは縁もゆかりもない。ところが、朝日放送で褒め殺し解説しているうちに阪神のコーチになった。こうなれば馴れ合い。まさしくマスコミ派閥じゃないでしょうか。

――ＮＨＫ・ＢＳの大リーグ中継も同じ。選手の欠点は一切口にしないばかりか、解説者は日本で中継画面を見ながら解説しているのに、いつの間にか大リーグ通になっている。

江本　マイレージを使ったから偉そうなことは言えないが、僕はＷＢＣも自腹で渡米して現地から解説した。ＮＨＫ基準では立派な大リーグ通です（笑）。当然、放送局に遠慮する必要もないため、「ＷＢＣなんか止めちゃえ」と悪口もバリバリ言える。

監督人事に影響するＮＨＫ解説者ブランド

――最大勢力のＮＨＫ解説者の選定はどうなっている？

江本　川上哲治、鶴岡一人という東西の大御所がいて、そこから派生する人脈で形成されてきた。藤田さん、星野さん、王さんも川上人脈で、鈴木啓示、梨田、山田久志は関西枠。

――その流れで藤田元司に近い高田繁や原辰徳が名を連ね、星野仙一の盟友の山本浩二や可愛がっていた今中慎二、与田剛がＮＨＫの解説者になった。

江本　ＮＨＫの解説者になれば何がいいかといえば、12球団のオーナーたちは経営者なのでＮＨＫブランドに弱い。そのため監督候補にＮＨＫ解説者の経歴があれば、実績に関係なく野球人として簡単に認めてしまう。その昔はオーナーたちが川上さんや鶴岡さんに監督人事を相談し、「高田君が適任だ」とか「梨田君が向いている」とＮＨＫの解説者を監督に推薦してもらっていた。でなければ、日本ハムのＯＢでもなく札幌に縁もゆかりもない梨田が日本ハムの監督になるはずがない。川上さんのところへ行けば、監督やコーチになれると言われていた時代もあった。

――NHKのギャラは？

江本　安いらしい（笑）。でもNHKの解説者だと野球教室や講演のギャラが違ってくるようだ。紅白に出場した歌手の地方公演のギャラが上がるのと同じで、ステータスがあって野球人にとっては付加価値となる。

――そのうえNHK派閥が監督人事に影響力を持つとなれば言うことがない。

江本　日本ハムの重役に「次の監督が栗山英樹で大丈夫ですか」と聞いたところ、「いやいや、あんなものね、梨田でもできるんだから誰でもできますよ」って（笑）。たしかにパは指名打者制で投手交代のタイミングも関係なく、難しい采配なんて必要ない。日本ハムの監督を務めた高田さんや大島康徳もNHKの解説者をしていた。

――高田繁はDeNAの初代GMにも抜擢された。

江本　DeNAのオーナーは経営のプロでも、野球に関してはまったくの素人。NHKの解説者もしていたし、V9時代のメンバーと聞けば、任せても大丈夫という気持ちになるだろう。V9メンバーの柴田勲が「高田は協調性ないし、あんなヤツでいいのかな」と心配していたほど。優勝して「みんなで飲みにいこう」と誘われても1人だけ断るようなタイプらしい。そんな人脈とは縁がなさそうな野球人がGMに抜擢される。やはりNHKブランドの存在があるというしかない。

――中日の落合博満前監督の球界における人脈というのは？

江本　あいつには人脈のかけらもない。ただヘッドコーチをしていた森繁和が駒大閥。この駒大閥のトップは広島ＯＢの大下剛史さんで、森繁和は大下人脈で球界に深く食い込んでいる。大下さんは当時の学生野球の総大将だった。新宿のゴールデン街にあったスナック「熊の子」が学生野球の溜り場で、早大、明大、法大、駒大など六大学や東都の連中が出入りしていた。星野さんが田淵さんたちと親しくなったのもここの店。早大の中村勝広も来ていたし、駒大の森繁和や野村謙二郎も常連だった。あの付き合いの悪い高田さんも顔を見せていたほど。すると大下さんがオーナーの長女と結婚してしまった。学生たちは店を自分の家のように思っていたので、オーナーの家族と結婚した大下さんをみんなが〝兄貴〟って言わないとしょうがない（笑）。

あまりにも対照的な原ファミリーと落合一家

――若手で派閥を形成しているのは？

江本　原が際立っている。原がコーチ陣を引き連れてメシをご馳走しているのは有名な話だが、前回の原内閣でも原が解任されると吉村禎章、村田真一、斎藤雅樹らも退団。第二次内閣では揃って入閣した。面倒見がいいというか、リーダーが温厚で全員がとても仲がいい。だから原派は〝原ファミリー〟と呼ばれ、落合はワンマンで親分の命令は絶対だから〝落合一家〟と言われている（笑）。

――原のリーダーとしての資質は？

江本　人心掌握術は備えていますね。たとえば松本哲也に「ボウカーがどうせ打てないんだから、３打席目から行くぞ。用意しておけ」と試合前の練習で、バッティングケージの後で我々に聞こえるように言うんです。ボウカーが２三振すると本当に松本が代打で出てくる。これはなかなかできないこと。村田修一にバントのサインを出すが、事前に「４番でもバントするべきだ」という空気を作ってしまう。虫も殺さないような顔をしていながら意外と策士なんです。

――ある意味、長嶋さんより上？

江本　もちろん長嶋さんより上ですよ。僕は球場に足を運んで巨人戦を年間１００試合ぐらい観戦し、それを『サンスポ』のコラムでボロクソに書くわけです。でも、僕には絶対に文句を言わない。なぜかといえば、「いつもグラウンドに来ているから」だって。来ないで書かれるのは許せないそうです。自分のスタイルがあって、それを貫く。最近の若いリーダーの中では珍しい。それだけに1億円スキャンダルは残念だった。

――高木守道、権藤博の長老コンビのおかげで落合博満の評価が上がったのでは？

江本　某選手が高木監督に「起きてください」ってベンチの中で言ったらしい（笑）。原に「監督やってたら、眠くならないか？」って聞いたら、「いや、眠くなりますよ。何度かあります」と。みんな眠くなるみたいです。野村さんにも聞いたら、「寝たことあるよ」と当然のような顔をされた（笑）。

――古田派とかは？

江本　古田敦也、高津臣吾、石井一久たちのフジテレビ人脈も侮れない。フジテレビのトップとホットラインがあるというが、やはりプロ野球選手は女子アナを嫁にもらわないといけないかも（笑）。

――出身地による人脈は？

江本　ありますね。僕は高知県出身ですが、須藤豊さんが会長をしている〝高知会〟がある。高知は高知高校と高知商業が二大勢力で、高知高校の親分は有藤通世さん。高知商業は僕や高橋善正さんがいるし、最近なら藤川球児や中西清起がいる。ここに昔の野球部の監督が呼ばれると、これが悲惨。「監督の家の玄関はオレの契約金の分だよね」「契約金で風呂場をリフォームしたそうですね」といびられるものだから、だんだん来なくなってしまった（笑）。

――甲子園出場組に対して、不出場組の派閥とかは？

江本　そんな派閥はないが、なんとなく気持ちが通じてあっているというか、西本聖や大野豊のようなドラフト外のイジケ組がいたりする（笑）。あと球団を横断しての同期会。松坂大輔の55年会や古田敦也の40年会などが有名で、チャリティコンペや野球教室などをしている。この同期会で最も遅れてできたのが我々の22年会でした。

――団塊の世代ということで数が多かった。

江本　人数もさることながら、あまりに仲が悪くてまとまりに欠けていた（笑）。堀内恒夫、鈴木啓示、平松政次、大矢明彦、谷沢健一、藤田平、松岡弘、安田猛……もう名前を聞いただけでイヤになるでしょう。堀内など口もきいたことがないし、鈴木啓示なんかどれだけ威張っているか（笑）。さすがに還暦を越えて、「みんな助け合わなきゃいかんぞ」と声を掛けることになった。67人が登録しているが、結成2年でいまだに会合を1回しかやっていない（笑）。

――これら球界に蠢く数々の派閥や人脈はプロ野球をよくしたのかダメにしたのか、どちらだと思いますか。

江本　どうでしょうね（笑）。まぁ半々じゃないですか。これらすべてを含めたものが野球の魅力になっているのは事実です。

覆面番記者座談会「球界地獄耳」②

球界人脈で暴く「黒い事件」の真相

司会・構成＝白城嗣郎（スポーツライター）

原監督1億円スキャンダルに駒大人脈

――若大将・原辰徳の爽やかイメージを根底から覆してしまった〝1億円不倫スキャンダル〟恐喝事件。この背景に何があったのか？

スポーツ紙デスクA　騒動の裏に駒澤大学の野球部人脈が見え隠れします。

――原辰徳は東海大学野球部出身だが……。

A　原監督の不倫相手の日記を暴力団関係者が手に入れ、その男から別の舎弟に渡り、舎弟はビジネスでつながりのあった元暴力団員に相談したことが騒動の発端でした。この元暴力団関係者が原監督と連絡を取って舎弟と共謀し、1億円を手に入れたわけですが、この元暴力団関係者に原監督の携帯電話の番号を教えたのが、ＤｅＮＡ監督で駒大ＯＢの中畑清と言われています（本人は否定）。

スポーツ紙記者B　元暴力団関係者の息子が中畑監督と同じ駒大野球部出身の現役プロ野球選手だが、元暴力団関係者と中畑監督をつないだのは駒大野球部の当時の名物監督。元暴力団関係者は、この野球部監督の人脈をフルに利用して、球界と深く関わっていったようだ。

ジャーナリストC　元暴力団関係者が経営する熱海の旅館には、中畑の写真やサインが飾られているからね。付き合いはかなり親密で、この旅館で中畑や駒大野球部の元監督は何度か目撃されています。

スポーツ紙記者D　元暴力団関係者の息子はドラフトの下位で中日から指名されているが、このドラフトは落合政権の補強のカギを握っていた。落合監督の右腕として補強面を任されていたのが森繁和コーチだった。その森コーチは駒大野球部出身ですからね。中日関係者の間では、元暴力団関係者の息子をドラフトで指名するように、駒大の野球部監督に頼まれたと言われている。

B　その元暴力団関係者の息子は、入団から3年目に戦力外通告されるが、パ・リーグ球団の入団テストを受けて採用された。

C　その球団の監督も、件の熱海の旅館に出入りしており、夫人が旅館のＰＲに一役買っていたとも言われています。夫人が親しくしている美容整形医に紹介されており、元暴力団関係者は、監督夫妻に息子を拾ってほしいと泣きついたようです。入団後、同監督は一選手である元暴力団関係者の息子の結婚披露宴にも、夫婦で出席するような間柄でした。

D　その息子が中日で戦力外通告を受けたのは、故障が原因とされているが、中日の身体検査に引っかかったとか言われている。

——身体検査ですか？

D　巨人や中日では親会社の新聞社を使って支配下選手の身辺調査をすることがあります。元暴力団関係者の父親が問題になったというのが定説になっている。

——巨人の親会社は『読売新聞』。それなら会社に要求されるがまま、球団や警察に相談しないで元暴力団関係者に大金を支払った原監督も、進退問題に発展しそうなものだが。

A　こっちは東海大学野球部人脈が大きく絡んでいます。

B　原監督は昨年オフに2年契約を結んだが、これはドラフトで指名できなかった菅野智之（東海大学）の再指名対策です。巨人は菅野の再指名を早々と表明したが、そのためには東海大学野球部の先輩で、伯父の関係にある原監督を更迭できないという事情がある。前回のドラフトで日本ハムの強行指名がなければ、今回の1億円スキャンダルで原監督は間違いなく解任されていたはずだ。それが回避できたのは、菅野の祖父で原監督の父親の原貢氏の影響力があるから。現在も東海大学系列校野球部総監督の肩書きを持っており、原監督をクビにして、御大の機嫌を損ねるわけにはいかなかった。

D　日本ハムが菅野を強行指名し交渉権を獲得した時、原貢氏は「日本ハムから指名の事前挨拶がない」「これは人権蹂躙」「挨拶もなしに指名するとはだまし討ち」と吠えた。これには球界関係者全員が呆れた。

B　とはいっても、菅野問題を抱えていた手前、巨人では原監督を解任して、原貢氏を敵に回すことができなかった。あのナベツネ（渡邉恒雄・読売新聞会長）ですら、原続投の条件に江川卓を助監督に据えるプランをぶち上げるしかなかったからね。

大学野球部監督にＯＢを送り込む巨人の「ドラフト工作」

B　巨人はドラフト制度改革が進んだ07年以降、大学野球の人脈作りに腐心してきました。野球協約で選手本人には事前接触ができないため、監督やコーチと結託すればいいという発想なんです。そこで巨人ＯＢを大学野球部監督に抜擢しはじめた。中央大学野球部監督に巨人ＯＢの高橋善正を送り込み、澤村拓一の獲得に成功している。巨人では阿部慎之助、亀井義行と中央大学が一大勢力を形成しているからね。

C　慶應義塾大学野球部監督にも巨人ＯＢの江藤省三が就任しているが、将来的には高校野球の監督に巨人ＯＢを送り込む計画もあります。監督就任の条件は緩和傾向にあるが、野球を教育の延長とする高校野球サイドがどこまで歩み寄れるかがカギ。高野連会長に、特待生に寛容な元早大総長の奥島孝康氏が就任したことでいっきに壁がなくなるのではと見られていたが、新たな問題が起きてしまった。清武問題です。『朝日』によって球界ではタブー視されてきた逆指名ドラフトの暗部を暴露されてしまった。高校野球に逆指名は関係ないが、これによって『読売』と『朝日』の関係が再びこじれ始めちゃいましたからね。

A　たしかに一時は『朝日』と『読売』の間で不穏な空気が漂っていた。『読売』中心となって私立高校だけで第二高野連を設立し、全国大会の舞台として東京ドームを聖地にしようという動きをみせた。『読売』は公立校など興味がなく、私立高校をプロ野球への新たな人材供給源とするために、ＰＬ学園や帝京高校などの強豪校と、水面下で高野連との切り離し交渉を続けていた。実現寸前までいったが、最終的に文部科学省がいい顔をしなかったと言われている。

B　現在、夏の甲子園は『毎日』が後援に、センバツは『朝日』が後援に回っているが、『読売』が動きを見せたことで、両者が歩み寄るきっかけになったそうですね。

A　高野連は、ドンと言われた関西大学野球部マネージャーだった前事務局長の影響

『朝日新聞』にスッパ抜かれた巨人6選手の契約金

選手名	出身	ドラフト年	契約金額(円)
阿部慎之助(捕手)	中央大	2000年	10億
野間口貴彦(投手)	創価大/シダックス	2004年	7億
高橋由伸(外野手)	慶應大	1997年	6億5000万
上原浩治(投手)	大阪体育大	1998年	5億+功労金1億2000万
二岡智宏(内野手)	近畿大	1998年	5億+功労金7000万+他の出来高3000万
内海哲也(投手)	敦賀気比高/東京ガス	2003年	2億5000万

1997～2004年、ドラフト逆指名制度と自由獲得枠で入団した6選手に、新人契約金の最高標準額(1億円+出来高払い5000万円)を超える契約金が支払われていたと『朝日新聞』が報道(2012年3月15日)

で、母校の関大閥が牛耳っていました。歴代会長は大阪から選出され、理事や審判部など主だったポジションを関西の学生野球関係者が独占してきたんですが、奥島会長になってからは東京六大学が幅を利かせ始めた。『朝日』の影響力も薄れていて、近い将来、高校生まで巻き込んだ、スカウト合戦が繰り広げられるようになるんでしょうね。

D　『朝日新聞』の「巨人、6選手に契約金36億円」のスクープ記事ではあまり注目されなかったが、二岡智宏が巨人を逆指名した謝礼として、所属していた近畿大学野球部監督が「退職後に巨人から業務委託料2000万円を受け取る覚書」を交わしていた。野球部の監督を辞めた時に、監督時代の人脈を使ってスカウトの手伝いをするというもの。退職金ということだが、こんなのは氷山の一角。

A　西武、ダイエーを常勝チームにした根本陸夫氏は高校、大学、社会人まで巻き込んで裏工作をしていましたからね。たとえば城島健司。ダイエーが獲得するために駒澤大学進学のレールを敷いておいて、各球団を出し抜いてドラフト1位で獲得した。駒大野球部の名物監督がどこまで協力していたかは定かではありませんが、同じ年のドラフトでリストにも入っていなかった駒大の選手をダイエーは指名しています。西武時代にも秋山幸二に九州産業大学進学を表明させながら、まんまとドラフト外で獲得している。いずれも〝根本マジック〟と言われるものですが、大学や高校関係者が関わっていないとできるわけがない（笑）。

オールスターファン投票での不可解な得票数

A　かつて大学、高校の人脈で強く結びついていたプロ野球界ですが、日本人選手がメジャーに挑戦するようになってからは、その関係が少し複雑になってきたんじゃない？

B　それが顕著に現れたのが12年のオールスターゲームだった。パのファン投票で日本ハムから8人が選出された。組織票の疑いもあったが、野手のなかで日本ハム勢に勝利した数少ないうちの1人がロッテの井口資仁。29万票と二塁手部門で最多得票だった。相手がキャプテンも務める日本ハムの実力者の田中賢介だったことで、首をかしげる関係者も少なくなかった。さらに不思議だったのは、セでも遊撃部門の鳥谷敬（阪神）が29万票、二塁手部門の平野恵一（阪神）が28万票を集めて選ばれたこと。

オールスターゲーム2012　ファン投票1位当選者一覧

セントラル・リーグ			パシフィック・リーグ		
選手名	球団	累計票数	選手名	球団	累計票数
投手（先発）					
前田健太 2(2)	広島	252,892	斎藤佑樹 1(2)	日本ハム	146,735
投手（中継）					
山口鉄也 2(2)	巨人	231,074	平野佳寿 1(4)	オリックス	258,270
投手（抑え）					
藤川球児 7(8)	阪神	241,957	武田久 3(6)	日本ハム	274,221
捕手					
阿部慎之助 5(9)	巨人	279,601	鶴岡慎也 1(1)	日本ハム	249,237
一塁手					
中村紀洋 5(8)	DeNA	195,776	稲葉篤紀 5(8)	日本ハム	426,066
二塁手					
平野恵一 1(4)	阪神	280,862	井口資仁 8(8)	ロッテ	294,873
三塁手					
宮本慎也 1(7)	ヤクルト	272,235	松田宣浩 2(2)	ソフトバンク	222,791
遊撃手					
鳥谷敬 3(3)	阪神	293,825	中島裕之 1(8)	西武	294,405
外野手					
長野久義 1(2)	巨人	272,548	糸井嘉男 1(4)	日本ハム	337,375
高橋由伸 7(9)	巨人	205,741	中田翔 2(2)	日本ハム	298,368
A.ラミレス 3(8)	DeNA	185,579	陽岱鋼 1(1)	日本ハム	263,602
			DH		
			T.スレッジ 1(1)	日本ハム	250,142

選手名右の数字はファン投票選抜回数
（ ）内の数字は選抜回数

偶然にもこの3人は同じマネジメント事務所所属だった。

D　ダン野村氏から独立した事務所だとか。海外FAを取得した鳥谷はメジャーに、国内FAを取得した平野は巨人に移籍するのではと噂されていた。オールスターゲームでのファン選出は、選手へのサービスの一環じゃないか？

B　平野は東海大学出身で、原監督の後輩にあたる。オフに巨人移籍も囁かれており、そんな平野が東京ドームの巨人戦での守備で、サイン無視のエラーをしたと話題になっていたよね。真偽はわからないが、甲子園球場ならファンが騒いで暴動になっていたでしょ（笑）。最近は大学の先輩後輩とではなく、同じ事務所に所属する選手と自主トレをするのが慣例化している。

D　日本ハムの斎藤佑樹も事務所の先輩のイチローと自主トレをしていたよね。斎藤の場合、電通も絡んだ売り出すためのプロジェクトチームまであるそうだ。学閥よりお金を選んだわけだが、二軍でくすぶっているようでは意味がない。斎藤の球は一軍では遅すぎて打てないが、二軍ではちょうど打ちごろなんだってね。

A　早大時代は各球団が早大ＯＢを差し向けて争奪戦を繰り広げていましたよね。一番食い込んでいたのはロッテＯＢの徳武定祐氏で、毎日のようにグラウンドに顔を出していた。さすがにロッテの逆指名には持ち込めなかったようです。ただ娘さんが郷ひろみと再婚し、義父としてワイドショーに登場した時は斎藤も驚いたと言っていました（笑）。

C　そういう意味ではマスコミも同罪。斎藤のプロ入りに備え、早大野球部出身者をこぞって獲っていた時期があります。スポーツ紙はもちろん、ＴＢＳなどのテレビ局も早大出身者が急増した。斎藤だけでなく、〝早大トリオ〟といわれた広島の福井優也、西武の大石達也も低調ですからね。明大出身のルーキー野村祐輔（広島）の活躍で、各社とも中日、阪神時代に星野番として活躍した明大OBの記者が再登板しているようです。

A　やっぱり頼りになるのは、面倒見がいい星野仙一監督を頂点とする明治大学閥ということですか（笑）。原監督は駒澤大学閥で足元をすくわれ、東海大学閥で延命している。本人としては複雑でしょうね。

B　良くも悪くも日本のプロ野球は、学閥を中心に動いているということじゃない？

球界の〝野良犬〟がぶっちゃける！

愛甲猛「監督候補のスター選手にはコーチだってゴマをするんです」

取材・構成＝藤吉雅春（ノンフィクション・ライター）

監督候補はベンチの座る位置でわかる

プロ野球界の七不思議と言えば、張本勲さんと衣笠祥雄さんでしょう。名球会入りした人で、引退後にユニフォームを着ていないのはこの2人だけです。2人にオファーがないのは謎ですね。

張本さんは韓国野球委員会のコミッショナー特別補佐官を務めていることが関係しているかもしれないけれど、衣笠さんなんて見た目の印象と違って、物腰柔らかく、優しくてすごくいい人です。なぜ広島の監督は衣笠さんをすっ飛ばして、野村謙二郎になったのかわからない。

チームの次の幹部が誰になるのかは、試合中、ベンチの座る位置を見たらわかります。巨人戦のベンチを見ていると、原辰徳監督の前に、必ず高橋由伸と阿部慎之助が座っている。逆に、元木大介や清原和博はいつも監督から離れた場所に座っていたでしょ？　引退後にどうなるかがわかっていたからです。

監督のそばに座っている選手には２種類ある。

ひとつは、引退後も生き残りたいために、すり寄る選手。もうひとつが、「監督の前に座っていろ」と命じられている選手。巨人でいうと高橋や阿部でしょう。常に監督とコミュニケーションをとるように言われている将来の幹部候補です。これに加えて、そうした幹部候補にすり寄る人たちがいる。その姿は民主党や自民党の政治家が人気政党に接近する姿に似ている。「次の政権は危ないな」と思うと、さっと幹部候補にゴマをすりにいく（笑）。

俺が現役の時に、それを強く感じたのは立浪和義に対する扱いです。コーチから裏方さんまで立浪にすり寄り、「ちょっと尋常じゃないな」と思いました。立浪は間違いなく将来、中日を背負う監督候補。立浪本人はすごくいいヤツで、若手への面倒見もいいし、俺も仲がいい。でも、コーチの中で「自分の立場は将来微妙だな」と思っている人は、立浪にゴマをする。裏方さんだって扱いが違う。

ある時、俺が裏方さんに「試合用の帽子をそろそろ取り替えたいから、用意してもらえますか」と言うと、「じゃあ、ロッカーに置いておきますから」と、帽子が１個ポンと置いてある。でも、立浪が同じことを言うと、ロッカーに3つくらい置いてありましたから。「何なんだ、この待遇の差は」と（笑）。中日で俺と久慈照嘉と関川浩一のトレード組はロッカーが近くで、「どうせ俺たちは多国籍軍だからな」と苦笑していました。

野球界に残っている人たちの動きを見ていると、「なんで、こんな人がコーチをやっているんだ?」と不思議に思うことがあるでしょ? それって、1、2年前から必死な根回しの成果でもあるんですよ。

独特の観察眼で野球の面白さを語るのは、「球界の野良犬」こと愛甲猛氏（50）だ。横浜高校時代に甲子園の優勝投手となり、1981年にロッテ入団。野手転向と同時にチームの先輩だった落合博満に弟子入りし、ゴールデングラブ賞、535試合連続フルイニング出場などロッテの中心打者として活躍した。中日に移籍した後、2000年に引退。落合から学んだ観察眼に加え、群れない一匹狼的な立場から眺めてきた愛甲氏が、スターたちの人間くさい素顔を語る。

広岡達朗ＧＭにゴマをすったコーチたち

俺はゴマすりコーチに面と向かって文句を言ったことがあるんです。

95年に広岡達朗が千葉ロッテのＧＭに就任した後、広岡はバレンタイン監督に「愛甲は酒を飲み歩いて、門限を破っている」という理由で、俺をスタメンから外すように告げ口した。俺が飲み歩いているというのは真っ赤な嘘。だって俺は酒が一滴も飲めないんだから。バレンタイン監督も真相を知って、驚いていました。「嫌いだから起用しない」と言ってくれた方がいいですよ。

二軍に落とされた俺の様子を、Ｔさんというコーチが何度も見に来ていました。いつも「どうだ?」と言うから、「なんでＴさんが来るんですか」と聞くと、彼は親指を立てて、「いや、これが言うからさ」と、広岡から監視役を命じられたと弁解するんです。

ついに俺はＴさんに言ってやりました。

「あんたね、俺にとって、あんたの親指なんか関係ねえ話なんだよ！　俺は一軍に上がる気ねえし、自分の練習がやりたいから邪魔しないでくれ」

で、俺は手の平でゴマをするポーズを取って、ついこう言ってしまった。

「あんまりこうやってゴマをすりすぎたら、手の平から煙が出てくるぞ」

Ｔさんはコーチの後にスカウトをやるんだけど、日曜にはロッテの前球団副社長の自宅に出かけていって、庭掃除をやるような人でした。一時期は自分の子どもをロッテの社員にしていた。

ゴマすりはコーチだけではないんです。試合に出たい選手たちは、広岡GMの自宅に土産を持って出かけていました。俺は媚びを売ってまで試合に出ようとするのは、プロとして間違いだと思っていたから、そんなご機嫌取りはまっぴら御免でした。

野球界には、自分の実績で自然と人脈ができる人と、コネで人脈をつくって生き延びる人の2種類がいるんです。確実にトップになれそうな人の周りには群れができる。それが悪い方向にいくと、派閥になってしまい、選手の采配やその後の人生にまで影響してしまう。

ロッテ時代、俺が投手から野手に転向した頃にこんなことがありました。

キャンプで、俺は有藤通世さんと今ロッテで監督をしている西村徳文さんと一緒の3人部屋だったんです。その時、落合さんは1人部屋でした。すると、落合さんが俺に「お前、俺の部屋に来い」と言う。「お前、アリさん（有藤）と一緒の部屋はイヤだろう?」ってね（笑）。「はい」とは言えないじゃないですか。有藤さんは長年チームを支えてきたミスターロッテですよ。一方の落合さんは三冠王を獲得し、有藤さんの次の世代の主力として世代交代の象徴でした。当時、稲尾（和久）監督は、試合中にベンチでいつも「おい、オチ、オチ」と、何かにつけて落合さんに相談して、「オチ、ここエンドランをやろうと思うけど、どうだ?」と頼りにしていました。稲尾さんは「俺はピッチャーあがりだから、野手のことはわかんねえから」とハッキリ言う。落合さんに相談すれば、有藤さんだって面白くないと思いますよ。

　俺は有藤さんと一緒の部屋がイヤじゃなかったけど、「ちょっとキツイっすね」と言って、落合さんと同部屋になった。そこでバッティングの一から十までを教わると同時に、これが原因で「愛甲派閥」「西村派閥」と言われるようになり、俺にとっての分岐点になるんです。

派閥を後ろ盾に態度がでかくなったＹ

　87年に監督が稲尾さんから有藤さんに代わって以降、山本功児さん、西村さん、袴田英利さんなど監督やコーチは「有藤派閥」の人で占められました。かわいそうだったのが、堀幸一です。堀は俺の弟分みたいなものだったから、調子が下がると起用されなくなっていった。堀は２０００本安打達成が可能だったので使ってあげた方がいいと思っていたけれど、バレンタイン監督が辞任すると、起用される機会が減ったんです。結局、戦力外通告となり、12球団合同トライアウトを受けて、ホームランまで打ったのに、引き受ける球団がなく、引退してしまった。

　逆に、西村さんに露骨にすり寄る連中もいました。Ｙって選手がいて、最初は俺にくっついてきて「愛甲さん、バットください」とすり寄っていた。俺は派閥とか嫌いだし、来る者は拒まず、去る者は追わずだから、バットをくれと言われたらあげていたんです。

ところが、西村さんからYは「こっちに来い」と言われて、彼は西村派閥に入った。そんなこと俺は何とも思わないんだけど、Yは俺に対してタメ口をきくようになった（笑）。「俺のバックにはニシさん（西村）がついている」と、露骨に態度に示すようになり、俺は頭にきた。

そこで、俺はロッカールームで西村さんたちがいる前で、パイプ椅子を放り投げて、Yに怒鳴ったんです。

「てめえ、ケツに上がついているからって、調子こいてんじゃねえ！」ってね。みんな呆然としていましたよ（笑）。

「ちょっと来い！」とYをベンチに呼びつけたら、彼は突然土下座して謝りだした。

「そんなつもりはないです」ってね。

俺は、「お前、俺に挨拶とかする必要ないから、もう二度と俺の目の前に顔出すなよ」と言いました。彼はその後、コーチやスカウトとしてうまく球団に残っています。

西村さんと親しいコーチはこう言っていたそうです。

「西村のところの選手はみんな礼儀正しくて、俺と一緒に酒を飲むと、すぐに俺のグラスの氷を替えてくれるんだ」

それって、野球と全然関係ないでしょ（笑）。

本来、実力があれば、派閥なんて関係ないんです。伊良部秀輝がそうでした。伊良部は派閥なんて何とも思っていない男で、まだ二軍の頃、俺がナイターが終わって帰宅すると、伊良部がいて俺より先に食事をしている。「どうも、お疲れ様です」ってね（笑）。俺の妻の実家に行って、妻のお父さんとクラブに酒を飲みに行って、一緒にサウナにも行っている（笑）。結局、実力さえあれば、派閥なんて関係なく生き残れるんです。

創価学会のつながりを野球に持ち込むな

あるチームで、フロントと監督が創価学会だから、コーチや起用法まで学会員という噂がたち、オールスターのファン投票も学会の組織票じゃないかと訝られることがありました。俺は「実力の世界にそんなことはあってほしくない」と思う。俺は親の代から創価学会員ですが、こと勝負の世界に宗教が絡んでくると、すごくイヤで鬱陶しかった。試合前の練習の時、学会員の選手が俺のところに挨拶に来たりしていましたね。

可笑しなこともありました。俺が若い時、落合さんは朝が苦手で遠征先では俺が朝食のトーストにバターを塗って、落合さんの部屋に持っていって起こすんです。ある日、部屋に入ると、落合さんが電話で喧嘩をしている。俺がトーストを持ったまま突っ立っていると、どうやら会話の内容から電話の相手は奥さんなんです。すると、電話の向こうで奥さんは、俺が同じ部屋にいることに気づいたらしく、「電話を猛に代わって」と落合さんに言いだした。

俺が受話器を取ると、奥さんはこうまくし立てたんです。

「猛、オチにお題目を上げるようにあんたから言って」

言えないですって（笑）。

（編集部注：落合夫婦はその後、創価学会をやめている）

宗教が勝負の世界に立ち入ってほしくないと思ったのは、横浜高校時代からです。俺が甲子園で優勝して地元に帰った時、創価学会の人たちから「猛が投げる時、猛が打ちとれるよう全国の学会員がお題目を上げたから、決勝戦で早実に勝ったのよ！」と言われました。違うだろうって。優勝できたのは、9人全員の力ですよ。そしてこう言うんです。天理高校と準決勝の時、「絶対に天理に負けるわけがないと思ったわよ。天理教は邪教だから」と（笑）。そんなことを言うんだったら、なんで創価高校は甲子園で優勝できないんだよ。

選手の起用について、学会人脈は逆効果です。「学会員だから」という理由で嫌われるケースがありますから。

〝球界の寝業師〟根本陸夫を陰で動かしていた人物

野球界で人脈の頂点に立っていたのが、なんといっても根本陸夫さんです。根本さんはパ・リーグのイメージを変えた人だし、親分肌で仁義や人情もあって選手たちに頼られていました。その根本さんを陰の立場で動かしていた人がいます。プリンスの総支配人を務めた人（故人）で、俺の親父代わりだった人です。逗子に住んでいて、俺の実家が近かったことから、家族ぐるみでお付き合いさせてもらい、俺は「オヤジ」と呼んでいました。根本さんが「球界の寝業師」と呼ばれて、次々と大物選手たちを獲得できたのはこのオヤジさんがいたからなんです。

俺が高校生の時、ドラフトで俺の同期になるプリンスホテルの石毛宏典さんや中尾孝義さんもオヤジのところに来ていて、オヤジは万札をポンと出すと、「お前ら、これで吉原にでも行って来い」と言う（笑）。オヤジさんは池袋サンシャインに部屋をもっていて、「いつでも好きな時に使っていいぞ」と言って、サンシャインの中はステーキも中華も食い放題でした。

オヤジさんから聞いた話では、西武が九州のクラウンライターライオンズを買収する時、本当は高田馬場に球場をつくろうと思っていたそうです。そして、パ・リーグだけではなく、大洋ホエールズを買収して三浦半島を本拠地にしたかったと言っていました。ただ、野球規約では1チームしかもてないので、断念したそうです。

オヤジさんと根本さんのすごかったところは、野球界のシステムを一から構築した点です。プリンスホテルという社会人チームをもち、プロにもチームをもつ。社会人をもっていた会社は、プロでは西武だけです。

いろんなシナリオを描いて、それを具現化していったのが根本さんでした。高校時代、俺がオヤジさんのところに行くと、根本さんがいて「なんだ、また今日もオヤジのところに来たのか」とよく言われました。俺と根本さんとはその頃からのお付き合いでした。

工藤公康、秋山幸二……「根本マジック」の真髄

ドラフト会議の裏で、根本さんが大胆に動けたのは、オヤジがいたからなんです。俺の1年後に名古屋電気高の工藤公康が、ドラフト6位で西武に入団します。工藤はドラフト前まで「熊谷組に入る」と公言していたんだけど、オヤジは「うちは工藤を

とるから」と言う。「え？　だって、工藤は熊谷組でしょ」と俺が聞き返すと、オヤジは「あれは、うちで言わせている話だから」と平然としているんです。それでどの球団も工藤に手が出せなかった。工藤に出した条件は、「他球団のドラフト1位と同じ契約金を出す」だったそうです。

79年に松沼兄弟が西武にドラフト外で入団する時は、空の小切手を出して、「好きな金額を書け」と言ったそうです。さすがに怖くて書けなかったと、松沼兄やんが言っていました。「ビックリした」って。

当時、西武がパ・リーグを完全に変えたんですが、西武は金銭面でも待遇面でも魅力があり、パ・リーグの中では「西武はいいなあ」と羨ましがられていましたね。

根本さんが選手に信頼されていたのは、口が堅いからです。絶対に表に口外しない。

ロッテ時代、俺がオヤジさんのところに遊びに行くと、根本さんがいて、「そういえば、お前のところの村田が俺のところに来たぞ」と言うんです。何のことだろうと思ったら、村田兆治さんのことだった。江夏豊さんも根本さんのところに来ていて、チームを越えて相談していたんです。逆にいうと、何でも裏で動くから、他球団からは煙たがられる存在でした。

根本さんは93年から2年間、ダイエーの監督を務めていますが、その頃、ロッテとの試合が雨天中止になり、室内練習場で俺と根本さんが鉢合わせたことがあったんです。

「お前、まだ投げられるか？」

根本さんが突然そう聞いてきました。

「投げられないことはないですよ」

と、俺が驚いて答えると、「じゃあ、ダイエーで両刀でやらねえか？」と言ってくるんです（笑）。その頃、ロッテに不満もあったから、「引っ張ってくださいよ」とは言いました。根本さんは冗談で言っているようで、本気で動いてくるから怖い（笑）。

きちんと組閣をしているのは落合前監督だけ

根本さんがすごいのは、組織をしっかりつくる点です。ドラフト外で秋山幸二を引っ張ってくるなど、選手を発掘するスカウト陣を育てている。球団としてはスタッフを充実させるのはコストがかかるけれど、チーム強化のポイントはここなんです。今の時代、組閣をきちんとやっているのは、落合さんだけでしょう。スカウトを増やし、コーチを増やして、将来のために荒木雅博や井端弘和を育てたんです。

落合さんの面白いのは、野球界に人脈も少ないし、派閥にも与しない。それでも中日の監督として8年間、実績を残している点でしょう。一度もBクラスを経験していない。

落合さんが中日の監督になる時に条件としたのは、人事権のすべてを握ることでした。球団は嫌がったらしいけど、スカウトもコーチも普通の球団の倍近く増やしている。

ジャイアンツで投手総合コーチをしている川口和久さんが、「俺は右ピッチャーは教えられない」とコメントしていましたが、その理由は「俺は右で投げたことがないから」。非常にシンプルな答えだけど、これは真実です。野球をやったことのないフロントは、「一緒だろ」くらいにしか考えていないが、そういうのを落合さんは嫌っていました。ショートを守っていた人にセカンドを教えることはできないし、左バッターだった人に右打者は教えられないのです。

落合さんは宇野勝さんと個人的にも親しかったけど、08年にコーチから外しますよね。そして石嶺和彦さんや辻発彦さんをコーチ入りさせている。これは人間関係よりも「自分の考えている野球に合うかどうか」でバッサリと組閣している証拠です。

監督の采配は、その日の試合結果に大きく影響しているように見えますが、実際は2年後、3年後に采配の結果が必ず出てくる。3年前、巨人の原監督が越智大祐と山口鉄也を抜擢して、その年に結果を出した。でも、結局、越智はケガで潰れていった。投げすぎです。原さんの采配として唯一評価できるのは、坂本勇人だけです。

マスコミの人は試合を見る時、バントや投手交代が監督の采配と思っている。しかし、監督の采配が多少影響するのは投手交代くらい。監督の力量が問われるのは、その時には使えない選手でも5年後に成長させられるかどうかです。

中日の森野将彦のバッティングは見るべきものがあったけど、あそこまで成長するとは思いませんでした。荒木雅博はハートが弱い面があったが、落合さんが手取り足取りバッティングを教えて、期待に応える活躍をするようになった。

落合さんは、責任を選手に押しつけるんです。「お前ら、プロなんだから、プロとしてちゃんと仕事をしなさい。それをコーチがサポートしなさい」って。中日がすごいのは、選手がそれぞれ独立していて、みんなが自分をマネジメントできる〝己の監督〟になってプレーをしていることです。だから、大人の野球をやっている。

落合さんはシーズンが始まると、１４０試合後のことを見すえていました。別に3連敗しようが、年間50敗はするんだから、という考えです。俺、あの人と麻雀をやったことがあるからわかるんですが、落合さんは派手に勝つ麻雀じゃない。負けない麻雀なんです。

ゴルフもそう。あまりゴルフを真剣にやる人ではないし、俺よりヘタなんだけど、「ここぞ」というところがわかる。だから、「このホール、握るから」と言う。俺の方が上手いのに、絶対に負けない。〝勝ちどころ〟を知っているんです。

それは心理戦のうまさに現われている。

よく落合さんがピンチヒッターや投手交代をすると、原監督が動くでしょ。実はあれ、原監督を動かすために、落合さんは動いているんです。原さんは落合さんが選手を替えるのを待って動いているように見えるけれど、実は逆。つまり、落合さんに動かされている。そんな試合が結構多い。

落合ドラゴンズの強さは心理戦にあり……のルーツ

現役時代、ド肝を抜かれたことがありました。南海ホークスに金城基泰さんというアンダースローの絶対的な抑えのピッチャーがいました。広島時代に最多勝、最多奪三振のダブルタイトルを獲得した投手で、防御率は2点台です。9回裏で、ここでホームランがでればサヨナラ勝ちという場面で、バッターは落合さんに回ってきた。

南海のキャッチャーはドカベンの香川伸行で、初球はインコースのストレートでした。ここで落合さんはものすごい空振りをするんです。俺はその空振りを見て、何となく違和感を持った。何か根拠があるわけではないけれど、妙だな、と。

でも、香川は何の違和感もなく、「もう1球インコースにいけるな」と思ったんでしょう。2球目が来た時、落合さんは「待ってました」とばかりに、ドカーンと川崎球場の最上段にサヨナラホームランを打ったんです。

俺はどうしても自分が抱いた違和感を払拭したくて、落合さんのもとに行って、「もしかしたら、初球の空振りってワザとですか？」と聞いたんです。そしたら、「そうだよ」って。

「香川は俺が空振りすると、また同じ球を投げさせてくる。ここは勝負どころだからさ、わざと初球は空振りしたんだ。もし違うところに投げてきたら、それはしょうがねえよ」

「ウッソ！」と驚きましたよ。今までいろんな選手を見てきたけれど、わざと空振りするなんて聞いたことがない。しかも、それをホームランに繋げる技術があるなんて、俺たちからすると信じられなかった。

策士のような心理戦に長けているだけではなく、結果に繋げる精神力と技術力を持っている。落合さんは現役時代から常々言っていたことがあります。

「野球のチームワークなんて、９人が仲良くやったってダメなんだ。ちゃんとした選手が９人集まって初めてチームワークなんだ。誰かが誰かのカバーをしようなんていうのは、チームワークじゃない。自分の与えられた責任をしっかり果たせばいいことだ。サードを守っていたら、ファーストのことなんてできねえだろ」

すごくシンプルです。これを中日の選手たちにどんどん植え付けていった。こういう考え方だから、「派閥は嫌い」と、ハッキリ明言しているんです。

ナベツネさんの最後の仕事は長嶋監督の期間限定復活

落合さんはファンサービスをしていないという理由で、親会社から引導を渡されました。やっぱり日本のプロ野球の問題点は、監督のイメージが長嶋さんや星野仙一さんを描いていることです。

本当は、監督は表に出ない方がいい。選手がクローズアップされている方が、チームとしては絶対にいい。でも、今の野球界はスーパースターやカリスマがいないでしょ。長嶋さんが偉大すぎたんです。名球会には長嶋さんの成績を超えた右バッターはたくさんいる。でも、長嶋さんをすべての意味で超えられる人はいない。

ロッテ時代、巨人から移籍してきた浜村孝さんというコーチがいて、浜村さんから俺は長嶋さんの話をいろいろと教えてもらいました。王さんは「これだけホームランを打っているのに、長嶋さんに勝てない」とコンプレックスに思っていて、ベンチ裏では鏡の前で死に物狂いでバットスイングをしていたそうです。長嶋さんも鏡の前でスイングしているんだけど、どうやったら格好良くヘルメットが落ちるかを研究していたそうです（笑）。

試合前も、後楽園球場の外野席にお客さんがワーッと入ってきますよね。すると、長嶋さんは「おい、ハマ。一緒に走るぞ」と言って、ライトスタンドの前で浜村さんとダッシュをする。意外に長嶋さんは足が速くなくて、浜村さんが勝ったそうです。そしたら長嶋さんが「お客さんはな、お前が俺の前を走る姿を見に来ているわけじゃないんだ！」と本気になって怒るというんです。それだけファンを大事に考えている。とんでもなく野球界に貢献した人だけど、微妙に野球界を違う方向に持っていった面がある。

俺は思うんだけど、ナベツネさんの最後の仕事は、1年でいいから長嶋さんに監督をやらせたらどうだろうと思う。あれだけのカリスマ性をもった人はいません。もはや野球界の天皇であり、象徴なんです。いてくれるだけでいいから、あとはしっかりしたコーチ陣を揃える。球団が人気のことを考えるなら、野球界は大きく変わると思う。スターなき時代はこれしか策はないと思うんです。

（一部敬称略）

セパ12球団「宗教人脈」の研究

創価学会系球団の御三家は日ハム、楽天、巨人

構成＝白城嗣郎（ジャーナリスト）

千葉ロッテの優勝がきっかけで「創価勇勝会」が誕生

――創価学会員がスポーツ界に増殖を続けているというが。

芸能記者A　創価学会ではタレントたちが集まる「芸術部」が有名だが、スポーツ部門の人材グループとして２００６年に「創価勇勝会」を発足させている。当時の『聖教新聞』の記事には野球、サッカー、陸上、格闘技、オリンピック競技など、国内外で活躍する現役選手や指導者ら１０４人が名を連ねていたが、所属チームやマネージメント会社が公表を認めないアスリートも少なくないというね。だから実態は把握できない。

スポーツ紙デスクB　この「勇勝」は「優勝」の語呂合わせらしい。05年に現千葉ロ

ッテ監督の西村徳文がヘッドコーチとして日本一になっているが、プロ生活24年で初めての優勝だった。その喜びを『聖教新聞』のインタビューで「ホントに信心を貫いてきてよかったと、心から感激した瞬間でした」「さらにしっかり信心に励み、コツコツと努力します。この世界で実証を示し、広布のお役に立ちたい」と語り、池田大作会長が大喜びしたという。その翌年にスポーツ部門の「創価勇勝会」が発足したわけだが、ロッテの「優勝」がきっかけだったというのが定説となっている。

A　08年には新たに「スポーツ部」を青年部の中に結成している。それまで久本雅美、山本リンダが役職を務めてきた芸術部が有名だったが、長井秀和が美人局事件（08年）を起こして離婚。イメージが下がった芸術部に代わって「創価勇勝会」のアスリートたちを選挙対策のために前面に出すことになったと言われているよね。

ジャーナリストC　西村監督といえば、解任されたバレンタイン監督の後任として10年にロッテの監督に就任。就任1年目に、リーグ3位でありながらクライマックスシリーズを勝ち抜き日本一という奇跡を起こした。現役時代はスイッチヒッターで初の首位打者や4年連続の盗塁王のタイトルも獲得しているのに、人気がなかったパ・リーグ球団の生え抜きということでまったく知名度がなかったからね。

B　これで全国区になった。監督就任1年目の日本一達成者は史上9人目という快挙が評価され、正力松太郎賞も受賞。広告塔として『聖教新聞』など創価学会系マスコミで大活躍だった。ところが、翌年は5位の楽天に10ゲームも離されてのダントツ最下位。あまりに持ち上げ過ぎたために、学会も気まずかったようだけどね。

池田先生の顔に泥を塗った岩隈投手の〝不倫騒動〟

C　イメージダウンといえば、楽天からマリナーズに移籍した岩隈久志にも笑った。岩隈夫妻は、ともに創価学会の熱心な信者として知られている。創価学会系雑誌の対談に夫婦で登場し、「妻がいなかったら今の僕はありません」（岩隈）、「主人が投手としての使命を果たせるようにサポートすることが、自分の使命だと思っています」（夫人）と、公称827万世帯の創価学会内では「目指すべき夫婦像」になっていた。ところが、メジャー移籍直前に岩隈の不倫密会を『週刊ポスト』が11年オフに暴露。車内接吻、ゴルフ場抱擁と激写されてしまった。

A　岩隈が不倫相手との移動に使い、接吻まで披露した愛車のナンバーは夫人の誕生日だった。週刊誌が出ると夫人は激怒し、米国で自主トレ中の岩隈が緊急帰国したほど。愛人も同伴していたというから、目指すべき夫婦像がこれでは創価学会も大慌てだったと思うよ。岩隈は愛人が助手席に座った愛車を処分させられたようだね。

学会ウオッチャーD　岩隈は「創価勇勝会」のなかでも別格だったからね。07年に21

勝を上げ最多勝、沢村賞、最優秀選手賞など8冠を達成すると、本部幹部会で池田名誉会長から直々にリンゴを手渡しされている。これは池田名誉会長から運を分けてもらうことを意味するが、この写真が『グラフSGI』に掲載されて話題になった。『聖教新聞』にも21勝目のウイニングボールを池田名誉会長に贈り、「池田先生のおかげで勝ち続けることができました。師弟に徹し、人生に大勝利します」という喜びの声が紹介されていた。

C　岩隈夫人は同じく学会員で楽天の広橋公寿コーチの長女。2人が出会ったのも学会系の美術館だという。ちょっとでき過ぎた話だが、理想の夫婦像というよりはすべてが夫人のいいなりのようだ。04年に近鉄が消滅した時、岩隈はオリックス入りを断固拒否し、金銭トレードで楽天入りしたのも義父である広橋コーチに義理立てしたため。愛妻家というより、恐妻家。今回の不倫騒動に激怒した夫人がメジャー移籍を区切りに離婚すると見られていたが、創価学会のためにこれまで通り仮面夫婦を続けることになったようだ。

B　渡米のときは家族揃って成田空港に姿を現わし、シアトルで試合がある日は夫人がスタンドで応援をしている。ところが、中継ぎで使われている岩隈は登板日がわからないため、夫人は試合毎に球場に足を運ばないといけない。気温10度の開幕戦から皆勤らしいが、広告塔として理想の夫婦像を演じるのも大変みたいだね。

学会系球団の御三家は日本ハム、楽天、巨人

――創価学会は野球界に多くの人材を輩出しているが、学会球団と言われるようなチームは？

B　日本ハム、楽天、巨人が学会系球団の御三家と言われている。日本ハムはスカウトの統括責任者が熱心な信者ということで、小谷野栄一、八木智哉、高口隆行（その後ロッテ、巨人に移籍）、大塚豊といった創価高校や創価大学出身の選手を獲得するようになった。OBでも、北海道出身でもないのに日本ハムの監督に就任した栗山英樹も創価高校出身だからね。

C　オリックスと合併した近鉄には、もともと学会員は多かった。選手分配ドラフトによって、新球団の楽天へ移籍した選手やコーチにたまたま学会員が集中してしまった。ところが、三木谷浩史会長が「創価学会とタッグを組んで球界支配」と週刊誌に書かれたことに激怒。週刊誌に謝罪要求したが、その影響もあって球団発足当時より学会色が薄くなっている。

D　楽天について付け加えれば、野村克也監督時代には広橋コーチの他にも、小野和義、山下和彦などのコーチがいた。野村監督も創価高校、創価大学に太いパイプを持

っていたからね。野村監督の教え子のひとりで、シダックスから巨人にドラフト指名された野間口貴彦は関西創価高出身だし、創価大学で野球部の監督と方針が合わず退部したのをシダックスが拾ってやった。サッチーがオーナーをしていた少年野球チームから創価高校へ進む子どもがエリートコースだと言われていた。

C　楽天は星野仙一監督が松井稼頭央を獲得してからは、平石洋介、小斉祐輔、勧野甲輝とＰＬに〝宗旨替えした〟と陰口を叩かれている。

D　巨人はエースの内海哲也が熱心な学会信者。内海の祖父母が京都の広布草創期の功労者で、両親も地区幹事の要職にあるらしいね。

B　東京ドームに行くと、客席でオレンジのジャイアンツカラーに混じって赤・黄・青の「三色旗」（学会旗）を振るファンを見かける。ところが、球団関係者はこれを注意するどころか、見て見ぬふり。減り続ける観客対策に貢献してくれるということなんでしょうね。

『聖教新聞』の印刷利権がＷＢＣの選手派遣に影響

D　どこの球場でも事情は同じ。観客動員だけでなく、『聖教新聞』の球場広告による収入でも恩恵を受けている。球場内の広告費は年間２０００万円とも言われるが、神宮球場を除く11球団の本拠地球場で広告を出している。神宮球場は経営母体が宗教法人のため、広告が出せないらしいね。広告に数億円を使いながら、『聖教新聞』の本社が一番近い球場で広告がＮＧとは気の毒な話だね。

——甲子園球場や札幌ドームといった球場はまだしも、巨人と中日は親会社が新聞社。同業者の広告を本拠地球場に出させるというのもどうか。

C　読売や中日に限らず、創価学会にモノがいえる新聞社なんてないと思う。自前の印刷所を持たない『聖教新聞』では、５５０万部は北海道から沖縄までの37箇所の地方新聞社系列の印刷所で刷らせているという調査の結果もある。

D　以前は『毎日新聞』や地方紙が中心だったが、最近は『読売新聞』の進出が際立っているらしいね。

C　渡邉恒雄会長が１０００万部と豪語してきた読売だけど、現実には部数を減らし続けている。『聖教新聞』の印刷は、読売系列の印刷所にとっても救世主となっているんだ。だからだろうが、全国各地に分散する読売系列の印刷所では、地元紙と『聖教新聞』の印刷をめぐってトラブルを起こしている。

B　野球界でも話題になった。08年に中日新聞グループの名古屋タイムズの休刊に絡んで『読売新聞』との間でひと悶着あった。これに激怒した『中日新聞』側が、第２回ＷＢＣへの選手派遣を拒否する騒動にまで発展した事件だよね。

D　ＷＢＣへの選手派遣を拒否した背景には、08年の北京五輪に中日ドラゴンズが12球団最多の５人を派遣した事件があると聞いていた。試合に酷使されたことで五輪後のペナントレースで故障者が続出し、シーズンを3位で終えてしまった。これに対する落合博満監督の抗議かと思っていた。

B　そういう面もゼロとはいえないが、ＷＢＣアジア予選の興行権を持っている『読売新聞』に対し、『中日新聞』が協力を拒否したというのが真相。『中日新聞』の社主であり、中日ドラゴンズオーナーの白井文吾氏を後ろ盾にしていた落合監督はそういう空気を読んだともいえるが、その対立の原因を作ったのが『聖教新聞』の印刷委託だったんです。

読売vs中日……『聖教新聞』争奪戦の結末は？

B　４００万部市場と言われる中京地区では、『中日新聞』のシェア率は7割。中日ファンは全員が『中日新聞』『中日スポーツ』を読んでいるからね。残りの3割を『読売』『毎日』『朝日』『日経』で奪い争っている。『読売新聞』は中京地区で創刊した時、「コーヒー3杯分で1カ月間新聞が読めます」をうたい文句にして、1カ月５００円の購読料で勝負したほど。公正取引委員会から指導を受けたが、そんな禁じ手を使っても牙城は崩せなかった。

A　読売系列の『報知スポーツ』も長く1部100円で販売され、中日スポーツも1部100円で対抗していた。赤字に転落しても『中日新聞』が支える形で維持してきたという経緯もある。

D　新聞戦争がそのままプロ野球に反映しているわけだ。

B　『聖教新聞』の中京地区での印刷を請け負っていたのが、中日新聞グループの名古屋タイムズ印刷だった。連結決算の『名古屋タイムズ』は、『聖教新聞』の印刷で赤字を補填。それで経営が成り立っていたという。これに対して『読売新聞』は、08年3月に稼動を始めた最新鋭の輪転機で印刷できる清須工場で『聖教新聞』を印刷しようと、水面下で動いていた。

D　『聖教新聞』は東海3県で30万部と言われている。中京・北陸地区での『読売新聞』の販売部数に匹敵する数字だからね。そりゃおいしいですよね。

B　これを事前に察知して『読売新聞』の横取り阻止に動いたのが『中日新聞』。創価学会と友好関係を築けば、『聖教新聞』の印刷にとどまらず、創価学会関連の出版物の全面カラー広告をはじめ、池田名誉会長の著書や創価学会系列の雑誌の広告なども出稿される。つまり、『聖教新聞』の印刷を奪われるということは、同時に莫大な広告料も失うことになる。『中日新聞』もドル箱を簡単に手放すわけにはいかなかった。

C　もちろん創価学会にとっても地方紙にカネを落とすメリットはある。地元に密着した報道が多い地方紙に、池田名誉会長が海外の大学から名誉博士号を授与されたなどというパブ記事も掲載してもらえる。同様に公明党の記事も多くなる。このような恩恵を期待して地方紙の印刷工場を使い、学会の広告を出稿していると言われている。

A　地方紙は創価学会や公明党の悪口が書けないシステムができあがっているわけだ。

B　学会側も、シェア70％の『中日新聞』に記事や広告が掲載される方がベターで、結果的に『中日新聞』が『読売新聞』から奪い返すことに成功したそうだ。子会社の印刷所から『聖教新聞』の売上げが消えた『名古屋タイムズ』は廃刊に追い込まれてしまったが、『中日新聞』のオフセットで印刷を始めることができた。この一連の騒動の中で起きたのが、中日ドラゴンズの第2回ＷＢＣへの選手派遣拒否騒動だったというわけ。

新聞社経由でドラフトやトレードに学会人脈が影響

D　落合監督も創価学会の会員だったが、１９９１年に学会が日蓮正宗（宗門）から破門されてから、宗門の信徒に戻ったと言われている。中日ドラゴンズは名古屋の熱田神宮で必勝祈願を行なうが、いつも落合監督は欠席していた。「宗教上の理由」と言われているが、宗門の教義で他宗派の行事に参加できなかったらしい。

B　関係者の間では有名な話だよね。06年に落合監督のセカンドバッグが盗難に遭ったとき、「現金はいいので日蓮正宗のお守りだけは返してほしい」と夫人がマスコミに語ったことで発覚した。ロッテと中日の間で行なわれた10年の日本シリーズでは、熱心な学会員の西村監督と宗教戦争だと記者の間で話題になったことがある。

D　このときは創価学会に軍配が上がったけどね。

B　もっとも、創価学会の球界への関与はそんな程度じゃない。ドラフトやトレードといった選手補強にも強い影響力を持っている。『神戸新聞』は12万部の『聖教新聞』の印刷を請け負っていると言われ、阪神戦を試合終了までの中継で知られるサンテレビと阪神の機関紙『デイリースポーツ』は傘下企業。『神戸新聞』は事業部を通じて阪神タイガースと太いパイプを持っているが、創価学会は『神戸新聞』を窓口にして阪神のフロントと交渉するケースがあるんだ。

D　そこまでする?

B　もちろんドラフト上位での指名は無理だが、下位や育成選手として創価高校や創価大学の選手の指名工作をしたり、戦力外になった学会員の選手をトレードで獲得してもらえるように根回しするわけです。

A　球場にも『聖教新聞』の広告を出しているわけだしね。

B　球場の広告だけでなく、年間指定席の購入や観客動員にも貢献するといったニンジンもぶら下げる。もちろん新聞社を親会社に持つ中日や巨人でも同じような動きはあるというからね。球団職員に学会員が多い楽天や日本ハム、監督が熱心な信者のロッテでも影響力は否定できない。

D　これじゃ学会球団があるようなものだね。

A　プロ野球の球団を持つと年間コストが50億〜60億円かかると言われるが、創価学会のやり方は宣伝効果があるだけでなく、特定のチームを持つよりコストパフォーマンスに優れているよね。

B　教育現場である高校野球ですら教団代理戦争に巻き込まれているわけだしね。必勝祈願を本殿でやり、甲子園球場のマウンドで胸のお守りに手をやる姿がＮＨＫを通じて全国ネットで流れる。教団のイメージアップにつながり、強豪校になって知名度を上げる。その結果、信者を増やすことに貢献できる。

D　『聖教新聞』が有名選手の活躍を持ち上げるのは、末端の学会員へのいわばプロパガンダ。創価学会は、宗門から破門されて以降、会員を引き止めるための宣伝、それから選挙活動しかやることがない。プロ野球選手に代表されるアスリートの活躍は、選挙でＦ票（フレンド＝友人票）を獲得する際の宣伝材料になるんです。

C　結局、純粋なスポーツと宗教の関係ってありえないんだ。

第3章

覆面番記者座談会12連発！
セパ12球団「派閥&内紛」相関図

追放された清武元GMの〝球団改革〟が本格的に花開いた2012年

読売ジャイアンツ

座談会参加者＝スポーツ紙番記者A／夕刊紙デスクB／週刊誌記者C

構成＝常松裕明

「清武の乱」とナベツネ独裁の伏魔殿

スポーツ紙番記者A　まず今年の巨人を語るうえで、どうしても避けて通れない話題があるね（笑）。言うまでもなく、昨年11月に勃発した〝清武の乱〟に端を発する一連の騒動だ。清武はここ数年、数々の改革を断行してきたフロントのキーマンで、解任される直前の肩書きは「読売巨人軍取締役球団代表兼編成本部長兼GM兼オーナー代行」という、まさに巨人の「すべて」を取り仕切っていた人物だったからね。

夕刊紙デスクB　ただし、本当にジャイアンツの「すべて」を握っているのは読売グループの首領・渡邉恒雄だった（笑）。2人が対立した直接の原因は今シーズンのコーチ人事で、清武は昨シーズンと同じ原辰徳監督、岡崎郁ヘッドコーチ（来季は二軍監督）の体制を続ける方向で動いていた。ところがナベツネはその清武案をひっくり返して「江川ヘッドコーチの招へい」と「清武の降格を含むフロント人事」をぶち上げてしまった。清武はこれに反旗をひるがえしたわけだけど、すぐさまいっさいの役職から切られてしまっている。

週刊誌記者C　ナベツネにしてみれば、まさに飼い犬に噛《か》まれた思いだっただろう。ナベツネは04年に発覚した「栄養費問題」でオーナー職を退いているんだけど、世間の批判をかわすため、同時に三山秀昭代表、土井誠社長といった巨人のフロント陣も一掃。それまでの政治部人脈から社会部人脈を登用して滝鼻卓雄オーナー、桃井恒和社長、そして清武代表という体制を作り上げたわけだからね。

A　それまでの巨人フロントは、ナベツネのイエスマンばかりで、オーナーも社長も単なる傀儡《かいらい》にすぎなかった。編成やドラフト、選手の育成など、球団としてのシステムは他球団に比べて二歩も三歩も遅れていたし、現場とフロントの関係も「金は出しても口は出さない」という感じだった。それが、清武が来たことで随分と改革が進んだのは事実だよ。

B　確かにスカウト体制の見直し、医療サポート体制の強化など、

スローガン
「Show the Spirit～躍動～」

本拠地球場	東京ドーム
2011年成績	3位　71勝62敗11分　勝率.534 打率.256④　本塁打108① 防御率2.61②
2012年成績	優勝 82勝39敗14分　勝率.667 打率.256②　本塁打94① 防御率2.16①

彼が残した功績は高く評価されている。なかでも「育成選手制度」の実現は、大型補強に投じていた資金をそこに振り分けることで、より多くの選手を抱えられるメリットがあり、実際に山口鉄也や松本哲也といった選手も育っている。さらに言えば、坂本勇人や長野久義だって、この激しい競争の中から育ってきたわけだからね。この制度を実現するため、清武は、いち早く三軍制を取り入れていた広島カープの鈴木清明球団本部長を巻き込んで、他球団を説得するという政治的な手腕も発揮していた。

A　コーチ人事でも、10年オフに伊原春樹ヘッドコーチを編成本部シニアアドバイザーに棚上げして、二軍監督だった岡崎郁を抜擢している。当時の清武はコーチ陣に毎週のようにレポートを提出させていたんだけど、岡崎はそれが抜群に上手かったらしい。

C　人事以上に大きかったのが、今年から導入された、球団内で「Ｖシステム」「Ｇシステム」と呼ばれるシステムの構築だ。日ハムの作った「ＢＯＳ」や、メジャーの「セイバーメトリックス」が有名だけど、巨人はヤンキースのシステムを参考に作っている。清武自身も10年にヤンキースで研修を受けたそうで、メジャーのやり方を積極的に導入しようとしていたからね。その意味でも、05年にヤンキースにコーチ留学した経験もあった岡崎を重用しようとしたのも当然なんだ。さらに、このシステムを運用するための「戦略室」を創設してコーチ陣も補強。昨年までＢＣリーグ・新潟アルビレックスBCの監督をやっていた元ヤクルトの橋上秀樹を戦略コーチに、同じく元ヤクルトの秦真司をバッテリーコーチに据えている。

A　今年のコーチ陣には他にも荒井幸雄、田畑一也、野村克則と、野村ID野球の門下生が5人もいて、去年までいたのは荒井とカツノリだけ。まあ、カツノリはノムさんがマスコミで巨人を批判しないための〝人質〟でしょう（笑）。

B　現在、清武の後任GMは原沢敦球団代表が兼任しているけど、広報部長だった原沢代表は、人はいいけど野球の専門家ではない。実際に戦略室を統括しているのは清武の元部下で、橋上コーチの採用も進言した松尾栄治GM補佐だ。

A　とにかく、そのチーム編成の責任者だった清武が解任されたことで、残されたフロントや首脳陣は落ち着かない空気の中でのシーズンインとなってしまった。特に問題に巻き込まれた岡崎ヘッドや、後ろ盾がいなくなった戦略室の橋上コーチなんかは、チーム内でも気まずそうにしていたからね。

4月最下位、契約金問題……最悪の事態を「戦略室」が救う

B　しかも、話はこれだけでは終わらなかった。開幕に合わせたように、今度は『朝日新聞』が「巨人、6選手に契約金36億円」として、阿部慎之助、高橋由伸、内海哲

也など６選手の実名入りで、入団契約金の申し合わせ違反を告発する記事を掲載。ナベツネは読売グループの総力を挙げて「金額は申し合わせで最高標準額に法的拘束力はない」という主張を展開し、読売の内部資料を持ち出して『朝日新聞』に提供したのは清武だと名指しで批判しはじめた。なにしろ長嶋終身名誉監督を『読売新聞』に引っ張り出して、「清武氏の言動はあまりにひどい。戦前、戦後を通じて巨人軍の歴史でこのようなことはなかった」という談話まで掲載させていたからね。本当にミスターがそう言ったのかどうかはともかく（笑）、長嶋の「天の声」を使って世論を誘導するのはナベツネの得意技だ。

C　４月の巨人が最下位に沈むほどの絶不調だったのは、こうした事件と決して無関係じゃない。特に名前を報じられた中では、文字通り今年のチームの攻守の要だった阿部に、集中力を欠くようなプレーが目立っていた。

B　フロントのゴタゴタだけじゃなく、シーズン前から他にも不安要素があったしね。たとえば恒例のＦＡ組への不満で、鼻っ柱の強い澤村拓一などは「ボクと内海さんがいるのになんで杉内（俊哉）を取るのか」と不満を漏らしていたそうだし、横浜ＤｅＮＡから移籍してきた村田修一にしても、キャンプでチームに溶け込もうと自室に大量の酒を用意して待っていたところ、誰も訪ねてこなかったなんて話もある（笑）。

C　村田はシーズンに入ってからも随分と苦しんでいた。というのも、もともと原監督は昨オフから村田を獲りたがっていたんだけど、清武ＧＭが猛反対して実現しなかったという経緯があったからね。しかも反対の理由は「チャンスに弱いから」。「清武の乱」の背景には、この清武ＧＭと原監督の対立構造があったわけで、当事者だった村田にかかるプレッシャーは並大抵じゃなかったはずだ。

A　それでも持ち直したのは、やっぱり阿部と内海というチームリーダーの存在が大きかった。2人とも契約金問題で名前が出されていたけど、少なくともベンチやブルペンではしっかりリーダーの仕事をしていた。特に内海は日頃から「自分の記録よりもチームが勝つことが大事」と言い切る親分肌で、明るい性格もあって投手陣をまとめていたよ。

C　おかげで、ソフトバンクでは孤立気味だった杉内も実力を発揮することができた。

B　それに、契約金超過問題は選手たちの間ではそれほど問題視されてなかったんだ。さすがに、あれほどの大金を貰っていたことには驚いていたけど、基本的には親会社の問題だし、裏金の存在は多くの主力選手にとっては分かりきっていたこと。逆に名前が出た阿部や内海に同情する声も多かった。

A　巨人は5月に入ると急浮上し、交流戦も優勝している。実はここで効果を発揮したのが清武の置き土産の「戦略室」だった。原監督も清武に対する意地があったんだろうけど、開幕当初は戦略室のデータを重視せず、去年までと同様、場当たり的な采

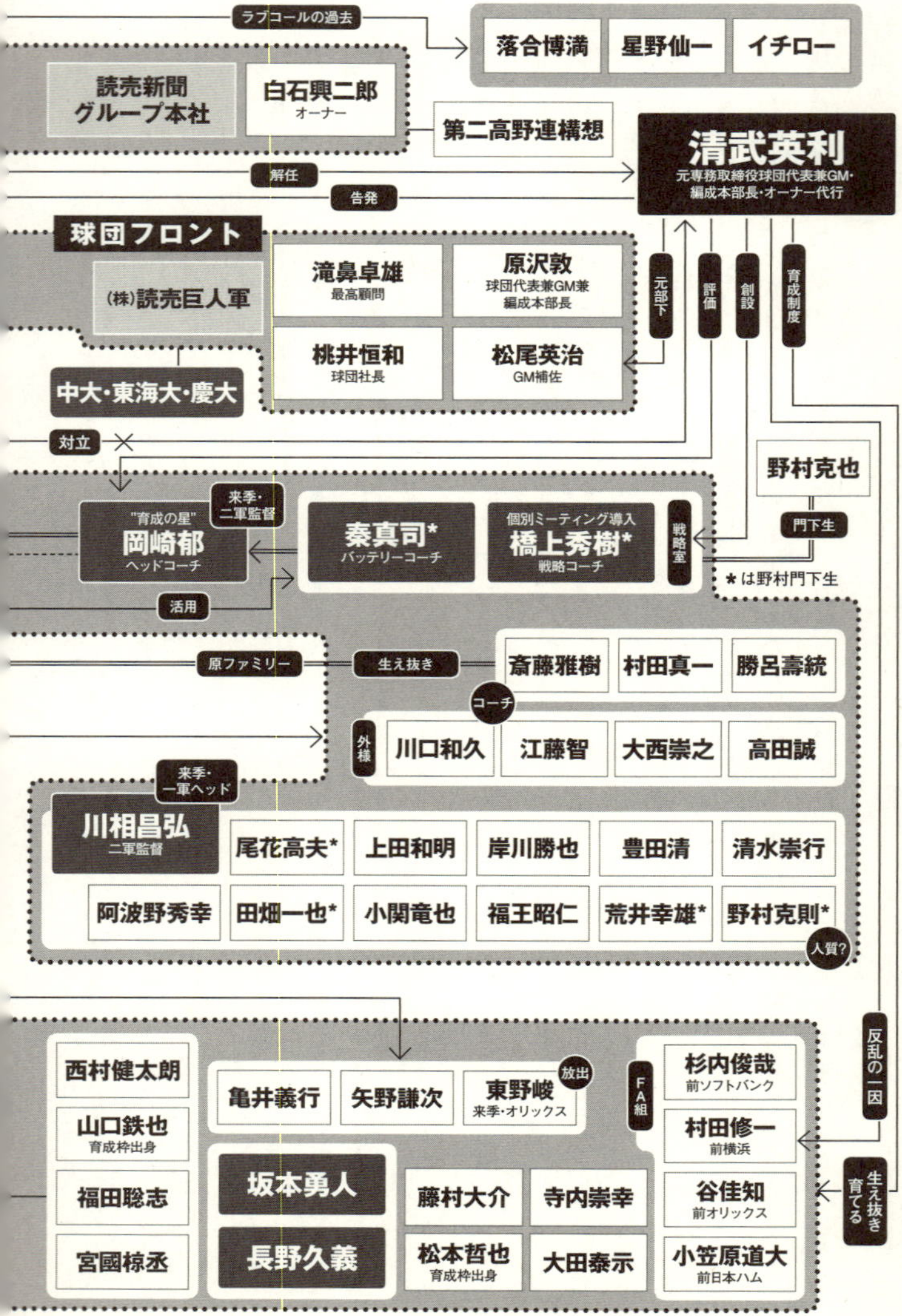
ラブコールの過去
落合博満
星野仙一
イチロー
読売新聞グループ本社
白石興二郎
オーナー
第二高野連構想
清武英利
元専務取締役球団代表兼GM・編成本部長・オーナー代行
解任
告発
球団フロント
(株)読売巨人軍
滝鼻卓雄
最高顧問
原沢敦
球団代表兼GM兼編成本部長
桃井恒和
球団社長
松尾英治
GM補佐
元部下
評価
創設
育成制度
中大・東海大・慶大
対立
野村克也
門下生
来季・二軍監督
"育成の星"
岡崎郁
ヘッドコーチ
秦真司*
バッテリーコーチ
個別ミーティング導入
橋上秀樹*
戦略コーチ
戦略室
*は野村門下生
活用
原ファミリー
生え抜き
斎藤雅樹
村田真一
勝呂壽統
コーチ
外様
川口和久
江藤智
大西崇之
高田誠
来季・一軍ヘッド
川相昌弘
二軍監督
尾花高夫*
上田和明
岸川勝也
豊田清
清水崇行
阿波野秀幸
田畑一也*
小関竜也
福王昭仁
荒井幸雄*
野村克則*
人質?
反乱の一因
西村健太朗
山口鉄也
育成枠出身
福田聡志
宮國椋丞
亀井義行
矢野謙次
東野峻
来季・オリックス
放出
坂本勇人
長野久義
藤村大介
寺内崇幸
松本哲也
育成枠出身
大田泰示
FA組
杉内俊哉
前ソフトバンク
村田修一
前横浜
谷佳知
前オリックス
小笠原道大
前日本ハム
生え抜き育てる

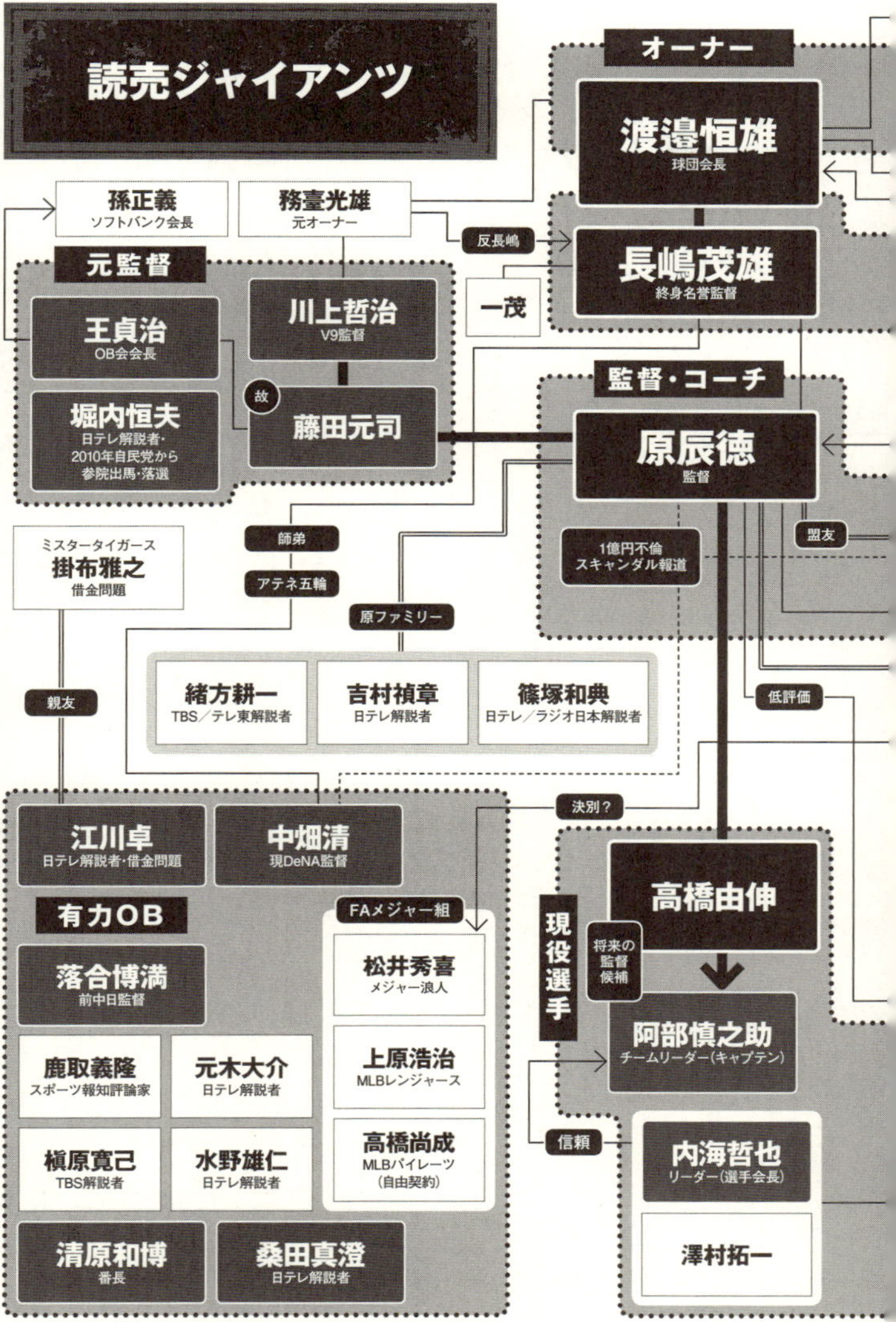
読売ジャイアンツ
オーナー
渡邉恒雄
球団会長
孫正義
ソフトバンク会長
務臺光雄
元オーナー
反長嶋
長嶋茂雄
終身名誉監督
一茂
元監督
王貞治
OB会会長
川上哲治
V9監督
故
藤田元司
堀内恒夫
日テレ解説者・
2010年自民党から
参院出馬・落選
監督・コーチ
原辰徳
監督
ミスタータイガース
掛布雅之
借金問題
師弟
アテネ五輪
1億円不倫
スキャンダル報道
盟友
原ファミリー
緒方耕一
TBS／テレ東解説者
吉村禎章
日テレ解説者
篠塚和典
日テレ／ラジオ日本解説者
親友
低評価
決別？
江川卓
日テレ解説者・借金問題
中畑清
現DeNA監督
有力OB
FAメジャー組
高橋由伸
現役選手
将来の
監督
候補
落合博満
前中日監督
松井秀喜
メジャー浪人
阿部慎之助
チームリーダー（キャプテン）
鹿取義隆
スポーツ報知評論家
元木大介
日テレ解説者
上原浩治
MLBレンジャース
槙原寛己
TBS解説者
水野雄仁
日テレ解説者
高橋尚成
MLBパイレーツ
（自由契約）
信頼
内海哲也
リーダー（選手会長）
清原和博
番長
桑田真澄
日テレ解説者
澤村拓一

配を繰り返していた。なにしろ橋上コーチの戦略を、岡崎ヘッドが間に入って監督に取り次ぐという状況だったからね。ところが負けが込んだうえに、橋上コーチの作戦がことごとく当たるため、さすがに意地を捨てて使い始めたらしい。

C　例年、シーズン前の予想ではたいてい巨人がダントツの優勝候補になるんだけど、最後はいつも他チームといい勝負になってしまう。これは明らかにベンチの問題で、中日を退団した落合前監督が、「巨人はタツ（原監督）がベンチで寝てれば勝つ。起きていたら危ねえな」なんて話しているんだけど、今年はその戦力に〝戦略〟が加わった。実際、阿部や村田、小笠原といった主力バッターに送りバントをさせたことが何度もあったしね。

B　戦略室は本当に細かいところまでデータ化していて、大雑把な指示しかできなかった試合前のミーティングも、スコアラーが個別に細かい指示を出すようになった。試合中にも橋上コーチから生のデータが上がってくるし、そのうえで、「失敗したら責任はベンチが取る」「進塁打も査定の評価にする」と言ってくれるんだから、選手が実力を出せないわけがない。

C　実力通りなら巨人だからね。データのおかげで打線が復調し、キャッチャー・阿部のリードにも幅が出てきた。まあ、原監督にしてみれば、戦略室のおかげで優勝できたと言われるのは複雑だろうけど（笑）。

まだ終わっていない原監督1億円不倫スキャンダル

B　もっとも、交流戦で上昇気流に乗りはじめたまさにそのタイミングで、またもやスキャンダルが発覚している。『週刊文春』が報じた「原監督が元暴力団員に1億円払っていた！」という記事で、発端は24年前、当時の巨人が定宿にしていた兵庫県・芦屋のホテル・Zで働いていた女性と現役時代の原の「火遊び不倫」。06年になって、この相手女性が書いていた日記のコピーを持った暴力団員が原監督を脅迫して1億円の口止め料が支払われ、さらに09年には、1億円を脅迫した暴力団員の兄貴分として相談を受けていたXなる人物が再び原監督に対して脅迫を行ない、最終的には別件で逮捕されていたことが明らかになった。

A　読売や原サイドは、不倫関係や金を支払った事実は認めたものの、あくまで「1億円を要求した人物が元暴力団員だとの認識はなかった」という一点突破で事態の収拾を図ろうとしている。この御時勢、愛人はともかく口止めのために反社会的勢力に金を払っていたと認めるわけにはいかないんだろうけど、さすがにこの言い分は苦しい。

C　しかも、読売側は契約金超過問題と同様、これも清武のリークによるものとして、スキャンダルを「原対清武」の構図にすり替えようとしている。桃井社長が会見で公表した原監督の手紙には「清武さんのほかに、いったいだれがいるのか」「巨人軍の一員だったことを誇りとして、これからを歩んでください。まだ間に合います」なんて書かれていたけど。「まだ間に合います」は、読売にこそ向けられるべき言葉かもしれないね。

A 『文春』は「恐喝暴力団員のシノギは野球賭博だった」という追撃記事も出している。へたをすれば野球賭博の八百長に巻き込まれる危険性もあったわけだ。

B リーグ優勝が決まった日、原監督はこのスキャンダルを振り返って「あの報道でもっと大きな難を免れたかもしれない。ありがとう、だね」なんて意味深な発言をしているんだけど、実はまだまだこの事件は完全に収束したわけじゃない。1億円という大金は口止め料としては高額すぎるし、現時点ですら警察に被害届を出していない読売と原監督の態度も不可解だ。一部では「行方不明の女性はすでに死亡している」「女性の日記にはもっとヤバイ話が書かれていた」「他の選手の名前も書かれていた」なんて情報も流れているからね。

C 鍵を握っているのはXの動向だろう。現在は熱海でピンクサービスもあるホテルを経営しているんだけど、駒大野球部の関係者やプロ野球の大物元監督との関係も噂されている。

B　この一件は他球団にも飛び火していて、原監督に暴力団員を仲介した相手としてDeNA監督の中畑清の名前も挙がっている。Xの息子は駒沢大出身の現役のプロ野球選手で、その駒大ルートを使って、大学の先輩である中畑に、原の携帯番号を聞くために話を持ちかけたとも言われている。中畑は、連絡先を教えたことは否定しているんだけどね。

A　ただ、この事件はかえってチームの結束を固めることになった。原監督は雑誌が発売された当日に選手を集めて謝罪しているんだけど、巨人の主力選手にとって、女性問題は他人事じゃない（笑）。ほとんどの選手は「しょうがねえなあ」という感じだったらしい。

C　「清武の乱」以降、ギクシャクしていた岡崎ヘッドとの関係が修復するという効果もあったとか。報道後は、以前にも増して一緒にいることが多くなったからね。もともと2人は現役時代からツーカーで、あんまりよく一緒にいるもんだから、いつの間にかしゃべり方までソックリになったほど仲がいいんだけど、『文春』の記事には、原監督と岡崎ヘッドが同じ女性を巡って「ただならぬ雰囲気」になっていたとも書かれていた。同じ秘密を共有することで、絆《きずな》が復活したってことかな（笑）。

B　とにかくこの報道が出てからの巨人の快進撃は凄かった。7月からは一度も首位の座を譲らずに優勝。続くクライマックスシリーズも制して3年ぶりの日本一に輝いている。

原監督の続投は決まったが「江川コーチ案」の行方はさて？

C　本当にいろいろなことが起きたシーズンだったけど、とにかく原ジャイアンツは圧倒的な強さで結果を残してみせた。余裕が生まれたことで若手にも実戦経験を積ませることができるという好循環で、有望な生え抜きの若手も次々と育っている。不安要素はチームの要である阿部が故障がちなことくらいで、来年も巨大戦力は健在。となると、注目は首脳陣の組閣なんだけど……。

A　原監督は一時はシーズン終了後にスキャンダルの責任を取って辞任するんじゃないかと言われてたけど、リーグ優勝決定後に、白石オーナーが「2年契約は了解事項」と改めて続投を宣言している。昨年のドラフトで日ハムに横槍を入れられ、東海大でドラフト留年していた菅野智之投手を獲得するためにも、原監督を切るわけにはいかなかったわけだしね。

B　問題はコーチ陣だよ。特に岡崎ヘッドを抜擢した清武がいなくなったことで、渡邉会長がぶち上げた「江川ヘッドコーチ就任案」がどう動くのか。ナベツネによれば、「原監督が江川君の起用を僕に提案したのも、清武君の『原排斥』の動きに対抗するために持ち出した」ということらしいけど、原監督が盟友の岡崎を降格させるような人事を提案したとはちょっと信じがたい（笑）。江川ヘッド案は、人気回復を狙うナベツネのアイディアじゃないのかな。

A　ただ、あまり知られていないけど、原監督と江川の関係は決して悪くないよ。現役時代からよく一緒にツルんでゴルフに行っていたし、同じ巨人のスターということで通じるものがあるんだろうね。

C　とにかく日本一になったこともあって、一軍コーチ陣は基本的に全員残留の方向だ。退任は二軍の大道典嘉育成コーチ、河本育之、玉木重雄両投手コーチくらいだ。

A　ただし他にも内部での入れ替えの可能性が残っている。一部で報じられた岡崎ヘッドと川相昌弘二軍監督の入れ替え人事では、岡崎ヘッドが自ら降格を申し出たともいわれてるけど、球団内に流れる〝岡崎外し〟の空気に耐えられなかったということだろう。これでワンクッション置いて、来季の「江川ヘッド招へい」というシナリオの可能性は残っているよね。

B　他のコーチ陣にしても不安は山積みだ。確かに結果は出したけど、たとえば元巨人ヘッドコーチの伊原春樹に「そもそも、巨人は2人の投手コーチがベンチに入っているけど、なんで2人もいるのかね（笑）」なんてチクチク批判された川口和久、斉藤雅樹の両投手コーチも手腕を問われることになるし、原ファミリーの村田真一打撃コーチもウカウカしてはいられない。同じく原ファミリーで、現在はチームの外に出ている吉村禎章、緒方耕一あたりも来オフには出番があるかもしれない。まあ、過去に暴力団絡みのスキャンダルを起こした篠塚和典だけはなさそうだけど（笑）。

C　あまり話題にならなかったけど、今年4月に週刊誌が吉村の女性問題を報じている。吉村が昨オフに巨人コーチを解任されたのは、このトラブルが原因だったなんて指摘もあって、そうなると吉村も厳しいと思うよ。

A　さらに言えば、原監督続投でも、2年契約が切れる再来年オフの更改は大荒れが必至だからね。「ポスト原」をめぐる動きもチラホラ出始めていて、岡崎前ヘッドや川相前二軍監督、鹿取義隆元ピッチングコーチ、さらには桑田真澄なんて名前も飛び交っている。将来的には高橋由伸監督、阿部慎之助監督というレールが敷かれていることは間違いないんだけど、それまでをどうするか。

B　他球団と違って「繋《つな》ぎ監督」にしても、知名度の高い生え抜きじゃないと許されないチームだからね。清武によれば、ナベツネはもともと江川嫌いで、「あいつは金権野郎だ」と言っているそうだし、ヘッド招へい案も、あくまで客寄せパンダだろう。その意味では〝江川監督〟だけは、どう転んでもなさそうだけど。

ナベツネの狙いは落合巨人監督の誕生⁉

A　ナベツネの本命は落合前中日監督だろう。実際、昨オフから水面下で動いていたフシもあって、中日の監督退任が発表された直後、ヘッドコーチを勤めていた落合の懐刀・森繁和に、巨人から誘いがあったなんて話も流れていた。

C　巨人の監督問題は、WBC日本代表監督選びにも影響していたね。もともとWBCの日本ラウンドは読売新聞の主催だけに、ナベツネは監督選びにも強い影響力がある。本来なら、第2回と同じく原監督の兼任が本線だったらしいけど、これはスキャンダルでパー。次に浮上したのは、落合に代表監督をさせた後で、巨人監督就任というシナリオだけど、結局、落合が倒れてしまったことで、これも白紙。おかげで監督選びはギリギリまでモメていた。一時はソフトバンクの秋山幸二監督が有力視されていたけど、二転三転した挙句、日テレ解説者の山本浩二に落ち着いた。

B　そのWBC監督の芽が消えた落合も、倒れたのは単なる顔面神経麻痺だったから、球界復帰には意欲を見せている。オリックスあたりも獲得に色気を見せているようだし、いずれ巨人との争奪戦は面白くなりそうだ。

C　とにかく、今の巨人は相変わらずのナベツネ独裁体制が健在。巨人ファンやフロントにとっては、まだまだ頭の痛いシーズンが続くことになりそうだ。

早くも高木監督の後任争いで「立浪派vs山﨑派」の確執が
中日ドラゴンズ

座談会参加者＝スポーツ紙番記者A／夕刊紙デスクB／週刊誌記者C
構成＝常松裕明

監督と投手コーチが……内紛に終始した高木ドラゴンズ

スポーツ紙番記者A　それにしても今シーズンの中日は期待外れだったね。一応はシーズン2位でのクライマックスシリーズ進出という最低限の結果は出したけど、優勝した巨人には悠々と独走を許してしまったうえ、クライマックスシリーズでもあと1勝まで追い詰めながら、3連敗で大逆転を許してしまった。オマケにベンチ裏でも何かとトラブルがたえなかったし（笑）。

夕刊紙デスクB　落合前監督を切って高木守道新監督を迎えたわけだけど、メジャーに行ったチェンの代わりに川上憲伸が出戻り、セットアッパーにソーサが加わった。野手でも山田久志監督時代に放出された山﨑武司が楽天から戻り、そこに新人の高橋周平が入ったから、昨季から大きな戦力ダウンはなかったんだけどね。

週刊誌記者C　失速の原因は故障者の続出で、特に投手陣では昨シーズンにリーグ2位の投球回数を投げたネルソンが絶不調。イケメン・浅尾拓也らの故障も痛かった。以前からレギュラー陣の高齢化やブルペンの勤続疲労が指摘されていたけど、高木監督は効果的な手を打つことができなかった。

A　これにはコーチ陣の責任も大きい。フロントと高木監督はコーチ陣をほぼ中日OBで組閣したんだけど、71歳という年齢的なこともあって、気心が知れたヘッドコーチを置くことができなかった。近藤、長谷部、宇野、井上、渡辺、平野と、高木監督にものを言えるコーチがほとんどいなくて、唯一、同世代の権藤博投手コーチを三顧の礼で迎えたんだけど、その権藤投手コーチともうまくいかなかったからね。

C　もともと高木監督は、投手陣は権藤コーチに全面的に任せると公言していた。ところが権藤さんも経験が豊富な人だから、キャンプの時点から投手コーチの権限を越えるような発言も目立っていた。開幕時にも野手と投手の登録枠をめぐる対立があったんだけど、6月の交流戦で負けが込んできた頃から、業務的なやり取り以外の会話がほとんどなくなり、

スローガン
「Join us ファンと共に」

本拠地球場	ナゴヤドーム
2011年成績	優勝　75勝59敗10分 勝率.560 打率.228⑥ 本塁打82③ 防御率2.46①
2012年成績	2位　75勝53敗16分 勝率.586 打率.245③　本塁打70④ 防御率2.58②

お互い、マスコミを通じてチクチクとやり合う冷戦状態は、シーズンの最後まで修復できなかった。

グラウンド内の勝負に集中できる体制じゃない

B 高木監督もソフトなイメージだけど、ああ見えて現役時代から「瞬間湯沸かし器」(笑)。試合に負けると先発ローテーションを批判してみたり、継投に文句をつけたりと、目先の勝敗にこだわって言いたい放題だった。

C もっとも権藤コーチのおかげで投手陣はまとまっていた。今シーズンは投手陣の踏ん張りで何とか2位を確保できたともいえるけど、ベテランの山本昌や川上はもちろん、投手陣のリーダー格の岩瀬仁紀も、酷使に配慮してくれる権藤コーチを信頼していたからね。

A ただ、2年契約の高木監督の続投は決定事項。結局、権藤コーチが退任することになったね。この舞台裏もドタバタで、実はクライマックスシリーズ直前までは、高木監督の要請で権藤コーチの留任は〝内定〟していたはずだった。ところがクライマックスでの負け方がよほどこたえたのか、急転直下で心変わりをしてしまった。

B 17年ぶりに指揮を執った高木監督の言動には、他にも首をかしげるようなことが多かった。たとえば5月の巨人戦で三塁コーチャーの平野謙外野守備走塁コーチがサインの伝達ミスをしたんだけど、激怒した高木監督は采配をボイコットして、試合後の首脳陣反省会にも顔を出さなかった。かと思えば、ゲーム中の集中力が続かないこともあるようで、ある選手に聞くと、「何度か試合中に寝てることもあった」なんて話も聞こえてきた（笑）。

C　もともと就任時に「2年間のつなぎ役」と公言していたように、そもそも高木新監督の就任は能力を評価されたものではなく、球団内の事情で決まったようなものだからね。ハッキリ言えば、球団側は昨シーズン中からどうしても落合前監督のクビを切りたがっていた。そこで後任として、ＯＢの中から監督経験があり、かつ「繋ぎ役」でも受け入れてくれる高齢の高木さんが選ばれただけのこと。球団とのパイプも太いし、繋ぎ役にはピッタリだった。

B　2年でいなくなる監督の下では、選手もモチベーションは持ちにくい。とにかく今年は、首脳陣も選手もグラウンド内の勝負に集中できるような体制じゃなかったことは確かで、すべては落合前監督と球団のゴタゴタに端を発する問題だよ。

球団フロントは白井オーナーのワンマン体制

A　そんな中日フロントのキーマンは、なんといっても白井文吾オーナーだろう。巨人のナベツネほどは目立たないけど、実は中日もこの白井オーナーのワンマン体制で、その意向が強くフロント・現場に反映される体質になっている。

C　白井さんは2000年にオーナーに就任しているんだけど、翌01年オフには星野仙一監督を切って山田久志を登用。中日新聞の会長に就任した03年オフには、周囲の大反対を押し切って落合前監督を招へいし、その後は落合政権の後ろ盾となってきた。落合も白井オーナーのバックアップがあったからこそ、トレードやドラフト戦略まで含めた全権監督として〝オレ流〟を貫くことができたんだ。

B　もっともこの間、白井オーナー以外のフロント陣はほとんどが「反落合派」だった。8シーズンで4度のリーグ優勝と、監督としてはほとんど文句のつけようがない成績なんだけど、「ファンの後押しなんかで勝てませんよ」「勝てばファンはついてくる」と公言するほどファンサービスの類には非協力的で、営業部も頭を抱えていた。地元財界との付き合いも悪くて、スズキあたりはすっかり離れてしまった。これは高木監督になって復活したようだけど。

A　親会社の中日新聞社としても厳しかったはず。新聞の見出しになるようなリップサービスはないし、それどころか『中日スポーツ』にはひと言もしゃべらないのに、仲のいい記者がいた『日刊スポーツ』にはしゃべるなんてことも頻繁にあった。結果、観客動員数や新聞の販売部数もジリ貧となれば、親会社としては黙ってはいられなかったんだろう。

C　そのうえ金もかかったし（笑）。推定年俸3億5000万円＋出来高の落合監督だけじゃなく、選手の獲得や落合が呼ぶコーチ陣からトレーナーに至るまで、ほとんど落合の言い値で高い年俸が支払われていたそうだ。

A　落合政権の末期はかなりの赤字を出していた。中日新聞はドラゴンズのユニフォームの袖口に貼られている「中日新聞」のワッペンの広告費として年間3億円を支払うことで赤字の補填をしてきたんだけど、04～10年の7シーズンで合計20億5000万円が支払われていた。これは昨年の中日新聞の株主総会で明らかになったんだけど、こんな質問が出るほど、親会社の中では落合監督への不満がうっ積していたということだ。

谷繁、和田、岩瀬……契約切れが続々

C　実際、昨シーズンから「落合切り」の包囲網は着々と進んでいた。まず、シーズ

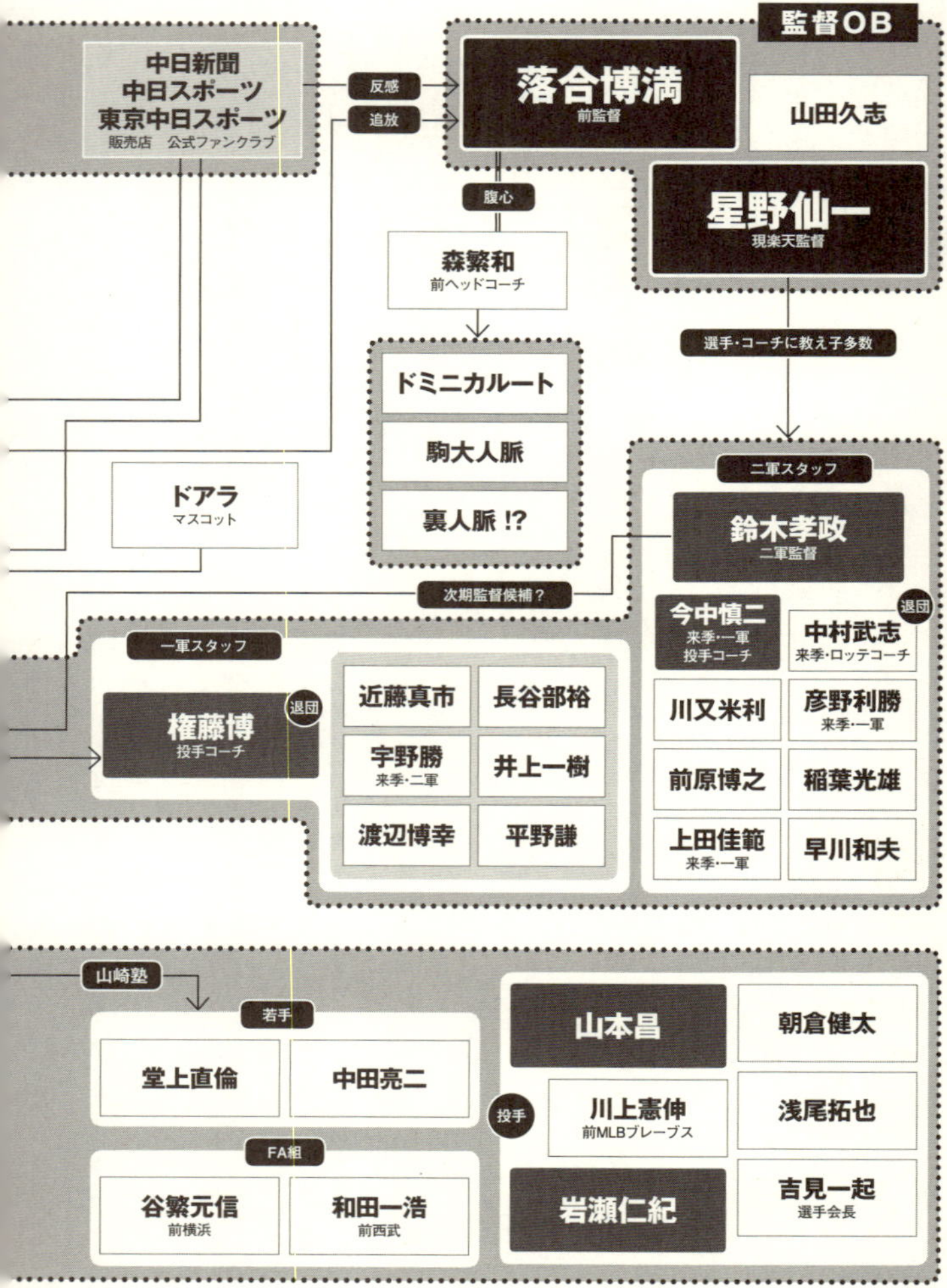

中日新聞
中日スポーツ
東京中日スポーツ
販売店　公式ファンクラブ
反感
追放
監督OB
落合博満
前監督
山田久志
星野仙一
現楽天監督
腹心
森繁和
前ヘッドコーチ
ドミニカルート
駒大人脈
裏人脈 !?
選手・コーチに教え子多数
ドアラ
マスコット
二軍スタッフ
鈴木孝政
二軍監督
次期監督候補？
今中慎二
来季・一軍
投手コーチ
中村武志
来季・ロッテコーチ
退団
川又米利
彦野利勝
来季・一軍
前原博之
稲葉光雄
上田佳範
来季・一軍
早川和夫
一軍スタッフ
権藤博
投手コーチ
退団
近藤真市
長谷部裕
宇野勝
来季・二軍
井上一樹
渡辺博幸
平野謙
山崎塾
若手
堂上直倫
中田亮二
FA組
谷繁元信
前横浜
和田一浩
前西武
投手
山本昌
朝倉健太
川上憲伸
前MLBブレーブス
浅尾拓也
岩瀬仁紀
吉見一起
選手会長

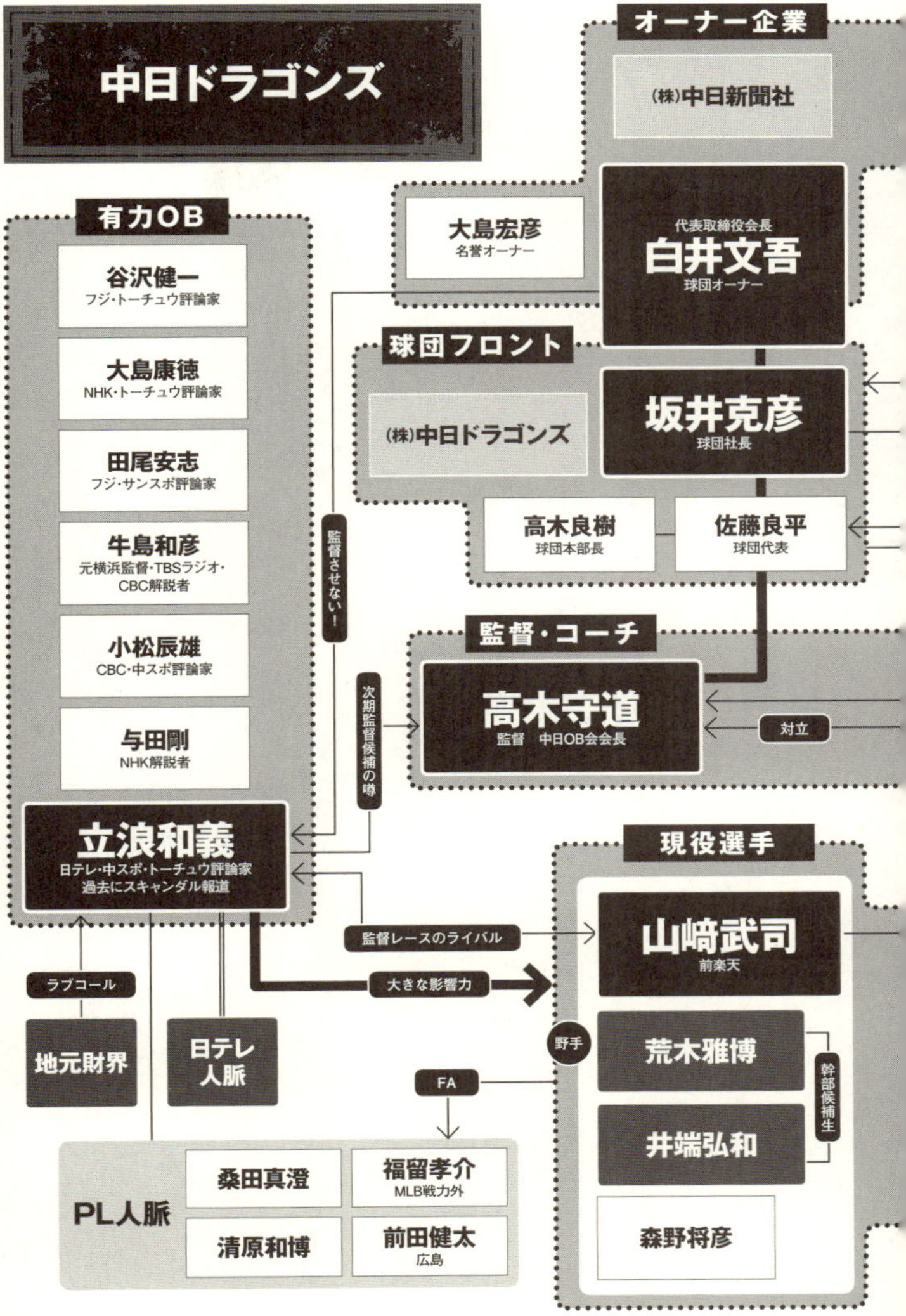

中日ドラゴンズ
オーナー企業
(株)中日新聞社
大島宏彦
名誉オーナー
代表取締役会長
白井文吾
球団オーナー
球団フロント
(株)中日ドラゴンズ
坂井克彦
球団社長
高木良樹
球団本部長
佐藤良平
球団代表
監督・コーチ
高木守道
監督　中日OB会会長
対立
有力OB
谷沢健一
フジ・トーチュウ評論家
大島康徳
NHK・トーチュウ評論家
田尾安志
フジ・サンスポ評論家
牛島和彦
元横浜監督・TBSラジオ・
CBC解説者
小松辰雄
CBC・中スポ評論家
与田剛
NHK解説者
立浪和義
日テレ・中スポ・トーチュウ評論家
過去にスキャンダル報道
監督させない!
次期監督候補の噂
監督レースのライバル
大きな影響力
ラブコール
地元財界
日テレ
人脈
FA
PL人脈
桑田真澄
福留孝介
MLB戦力外
清原和博
前田健太
広島
現役選手
山﨑武司
前楽天
野手
荒木雅博
井端弘和
幹部候補生
森野将彦

ン開幕前の3月に白井オーナーの意向を受けて落合体制を支えてきた西川順之助球団社長と伊藤一正球団代表のコンビが外され、現在の坂井克彦社長、佐藤良平代表の体制にチェンジした。坂井さんは反落合派の急先鋒で、この時点で落合解任は既定路線だった。

A　その坂井・佐藤コンビの意向を受けて派手に動いていたのが、ファンクラブの事務局長を務めていた高島良樹。株主総会で赤字補填の質問をしたのもこの人で、落合解任が決まってからもファンクラブ会報に露骨な落合批判文を書いていた。今年6月に球団本部長に昇進したのも、落合追い落としの論功行賞ともっぱらだ。

B　対立で象徴的だったのが、昨シーズンのリーグ優勝の日で、落合は試合後に握手を求めてきた坂井社長を無視。祝賀会でもビールかけに参加した坂井社長のところには選手も含めて誰一人近寄ってこず、結局、自分で自分にビールをかける姿がテレビで全国に生中継されていた（笑）。

C　それでも白井オーナーは最後まで落合続投を主張したらしいけど、結局、球団内をまとめることはできず、落合解任を認めざるをえなかった。さすがにこれ以上の赤字は出せず、経営者としてもゴリ押しできなかったようだ。

A　その白井オーナーは、今年6月の中日新聞社の株主総会で2年間の会長職任期延長が決まっている。自動的にあと2年はドラゴンズのオーナーもやるわけだが、落合切りと同時期に辞めたのでは、オーナーが一緒に責任を取ったと見られかねないから時期をずらしただけと言われている。

C　いや、実は白井オーナーが続投した理由は単にビジネス上の理由だろう。オーナーなんていくらでも変更がきく。落合解任の事実からも球団への影響力は低下しているし、高木監督の契約が切れる13年オフには、次のオーナーの意向が監督選びに反映されることになるだろうね。

A　すでにコーチ陣の落合カラーは一掃されたけど、高木監督体制の間には、選手にも動きがありそうだ。このオフには谷繁、和田一浩、岩瀬の契約が切れるし、来年も井端弘和、荒木雅博、森野将彦らの5年契約が終わる。幹部候補生の「アラ・イバ」あたりはともかく、FA組やベテランには動きがあるかもしれないよ。

B　高木監督に代わって、監督やコーチの人件費が減って赤字は解消に向かっているんだが、シーズンチケットの売上げなど観客数の減少には歯止めがかかっていない。坂井社長、佐藤代表の営業手腕も問われることになる。

次期監督の最右翼、プリンス立浪につきまとう噂

A　となれば注目はポスト高木。現在の親会社やフロントの意向を見ると、次期監督

が中日ＯＢから選ばれることはほぼ間違いない。候補としては白井オーナーがお気に入りの井上一樹打撃コーチや二軍監督の鈴木孝政、チームを離れている大物ではＣＢＣの解説者をしている牛島和彦や小松辰雄あたりの名前が挙がってくるけど、やっぱり中心になるのは引退のカウントダウンに入っている山﨑武司と、かつての大本命で現在は日本テレビで解説者をやっている立浪和義だろう。

B　落合もこの2人を将来の監督候補の本命と見ているようで、今年初めの講演会では「来シーズンオフ、次期監督をめぐって名古屋が二分される。立浪派と山﨑派で割れるのが心配。この2人は後ろ盾がしっかりしていて仲が悪い」なんて発言していたね。

C　立浪はもともと、ＰＬ学園から入団した当初から将来の監督候補と言われてきた中日のプリンス。一説にはどうしても立浪を欲しがった星野監督（当時）の意向で、入団時に将来の監督の約束手形を切っていたなんて話もあるくらいだ。立浪自身も現役時代から後輩の面倒見はよかったし、今のベテラン・中堅の選手はほぼ掌握している。実際、解説やインタビューで立浪が球場に来ると、アラ・イバあたりの中心選手までピッと緊張しているからね。

A　先輩とも上手くやっていたから、近藤や井上といった今の若手コーチ陣とも関係はいい。球界でも2学年上のＫＫコンビを筆頭に、阪神の片岡篤史打撃コーチやヤクルトの宮本慎也といったＰＬ学園の人脈が各球団にいるし、現役時代から地元財界のウケもよくて人脈はかなり幅広い。

B　ただし立浪の場合は、その豊富な人脈が監督就任のネックになっている。タレント・梅宮アンナとの不倫交際なんていうのはかわいい方で、04年に『週刊ポスト』が報じた「レイプと黒い交際疑惑」では、立浪にレイプされたという女性の婚約者が抗議したところ、暴力団幹部が現れて脅迫したことが明らかになっている。この一件は〝和解〟で落ち着いたものの、他にもタニマチの筋を不安視する声がたえない。

A　ある球団幹部が現役時代の立浪に「君はいずれ中日の監督をするんだから、女性問題なんか気をつけなきゃだめだよ」と注意したそうだけど、立浪は「モテるんだからしょうがないんです」とうそぶいていたそうだ（笑）。

C　こうした言動に、特に怒っていたのが白井オーナー。白井オーナーがいる間は監督どころかコーチにもなれないと言われてきた。立浪本人も監督就任に関しては「俺？　ないない」と言い続けているね。

B　ところが、ここにきて潮目が変わってきた。近い将来、白井オーナーの勇退は既定路線だし、親会社やフロントの中では「立浪待望論」が盛り上がっている。黒い交際疑惑にしても、この程度なら他球団にも山ほどいるしね（笑）。

C　一方、対抗馬とされている山﨑の目だって十分あると思うよ。楽天をクビになった44歳の山﨑をわざわざ獲得したのも、戦力というより将来の幹部候補生として呼び戻したともっぱらだ。もともと地元・愛知県出身でファンの人気も高いし、立浪同様、地元財界との付き合いもいい。本人もその気のようで、最近は売り出し中の堂上直倫や、自分と体型の似た〝ぶ～ちゃん〟こと中田亮二あたりの若手選手に積極的に声をかけて「山﨑塾」を開いてる（笑）。

B 引退も噂された山﨑だけど、もう1年の現役続行を宣言。一方の立浪もWBCの山本浩二ジャパンで打撃コーチに決定している。来季はそれぞれの立場でアピール合戦が激しくなりそうだ。

A いずれにせよ、鍵を握るのは白井オーナーの去就と、坂井・佐藤のフロント陣ということだよ。

荒木大輔監督誕生に向けて着々と駒を進める「ファミリー球団」

東京ヤクルトスワローズ

座談会参加者＝夕刊紙元記者A／スポーツ紙デスクB／週刊誌野球担当C

構成＝李策

宮本慎也の「低めを捨てろ」で低迷脱出

夕刊紙元記者A　ヤクルトは今季、5月まで首位を争いながら、交流戦で10連敗してから低迷。ところが9月には、ＣＳ進出争いにしぶとく再浮上した。巨人、中日には大きく引き離されたとはいえ、昨季のリーグ2位に続く健闘といえませんか？

スポーツ紙デスクB　ポイントは宮本慎也だね。彼が右肋軟骨骨折で離脱した7月28日の時点で、チーム戦績は38勝38敗。勝率5割で3位だった。その後、借金が最大8まで膨らんで4位に沈むんだけど、1カ月後に宮本が戦線復帰すると、広島との3・5ゲーム差をひっくり返して3位に復活した。

週刊誌野球担当C　復帰早々の広島戦（8月29日）で、それまで5試合・防御率1・

０３と完璧に抑えられていた野村祐輔を打ち崩したのが大きかったんじゃないか。これも、後輩たちに「低めを捨てろ」と指示した宮本の分析が効いていた。

B　フロントが、小川淳司監督に来季続投を要請したのが９月10日だった。あれは宮本の現役続行を考えてのことだろう。

A　この11月で42歳の宮本は、開幕前から「気力が1年間もたない。若手が育ってきたら、引退する」と公言してたからね。しかし9月中旬になると、「監督を何とか胴上げしたい」といって現役続行を明言した。シーズン後にはコーチ兼任も受諾している。

C　球団としては、優勝争いをした昨季や、終盤までCS進出争いがもつれた今季の展開は、集客上もありがたかったはず。若手が育っているにしても、宮本という精神的支柱なしにこうはいかない。だからこそそのコーチも兼任でもある。

A　小川監督への続投要請が宮本の現役続行含みだったことは、十分考えられますよ。小川監督は宮本が入団した際の担当スカウトで、２人の絆は太いですからね。

コーチ陣の半数が荒木大輔のチームメイト

B　そもそも小川監督は、高田繁前監督の「休養（事実上の辞任）」を受けてヘッドから監督代行に昇格した経緯があって、フロントが小川体制の構想を持っていたわけじゃなかった。ところが、監督代行になってからは畠山和洋のレギュラー起用などの采配が当たり、借金19を返済して「メークミルミル」と話題を呼んだ。

C　それで2年契約につながったわけだけど、たしかに高田前監督が任期を満了していたら、中畑清か誰かを後継に指名した可能性もあった。監督人事も、けっこうタイミングと巡り合わせだから。

A　しかしヤクルトのフロントは、「いずれ荒木大輔（現チーフ兼投手コーチ）を監督に」というのが既定路線みたいですよ。

B　シーズン中にも、「小川監督は新設GMに昇格で荒木体制誕生か」なんて話が出ていたね。

C　荒木に監督をやらせてみたいというのは、ヤクルト本社の要望でもある。早実から甲子園に春夏5大会連続出場したときの「大ちゃんフィーバー」は語り草になっているからね。「大輔」が新生児の名前ランキング1位になって、80年9月生まれの松坂大輔もそのひとり。「大輔ヤクルト」が活躍すれば広告効果は相当なものだよ。

B　実際、フロントは荒木監督の誕生に向けた布石を着々

スローガン
「POWER OF UNITY
心をひとつに」

本拠地球場	明治神宮球場
2011年成績	2位　70勝59敗15分 勝率.543 打率.244③　本塁打85② 防御率3.36⑤
2012年成績	3位　68勝65敗11分 勝率.511 打率.260　本塁打90② 防御率3.35⑤

と打っている。ヤクルトは徹底した「ファミリー主義」で、チーム首脳陣も生え抜きが基本なんだけど、現在の一・二軍スタッフは半数以上が荒木の現役時代のチームメイトなんだ。しかも、そのほとんどが荒木より年下。いつ荒木監督が誕生しても、そのまま新体制に移行できる陣容になってる。

C　それで、肝心の本人の手腕はどうなの？

A　それが、いまひとつパッとしないんですよ。試合中、マウンドに行くタイミングが悪いと言われ、投手陣はもっぱら伊藤智仁コーチの方を見ている。昨季は二軍監督への就任要請を蹴ったとかで、株を下げてしまった。

B　そのへんが、荒木政権を急がない理由のひとつかもしれないね。小川監督は人柄がよくて、選手たちから人望もある。それを、「野村ファミリー」の一員で戦略的なデータ集めの得意な伊勢孝夫総合コーチが支え、若いコーチ陣が選手をよく見るという形ができ上がっている。

　ことを急ぎ過ぎてこの形を崩してしまったら、せっかく「大輔ヤクルト」を船出させても、すぐに座礁しかねないからね。

古田派とフロントの亀裂は修復不可能？

C　しかし、世間の注目を集めるという目的なら、何も荒木にこだわらなくてもいいんじゃない？

たとえば、古田敦也の再登板とか。あるいは独立リーグで監督兼選手だった高津臣吾も引退したし、石井一久もそろそろでしょう。3度日本一になった90年代の黄金期メンバーを集めたら、荒木以上にインパクトがあるかも。

B　いや、それは難しいだろうね。古田は選手兼監督だった07年、チームの成績不振を理由にわずか2年で引責辞任したわけだけど、球団との間で相当な確執があった。補強をめぐる意見衝突はよくある話だが、開幕から最下位にへばりついた07年には、結果の出ないベテランを起用し続ける古田の采配に、選手からも不満の声が出た。

A　そのベテランというのが、高津と石井。古田は自分の退任が決まった後、何の前触れもなく高津に戦力外通告が出されたことに激怒したらしい。それで、このふたりを「古田派」と呼ぶ向きもある。

B　フロントの古田に対する追い出し工作も露骨だった。当時の鈴木正球団社長は、本人の意思すら確認せずに、「戦力外」「契約白紙」を次々とメディアにしゃべった。そうやって、古田に「こっちから辞めてやる」と言わせたんだ。

C　プロ野球界では珍しいことじゃないが、もったいない話。高津なんか、ヤクルトと米メジャー2球団、韓国・台湾の球界に日本の独立リーグまで現役として経験した。

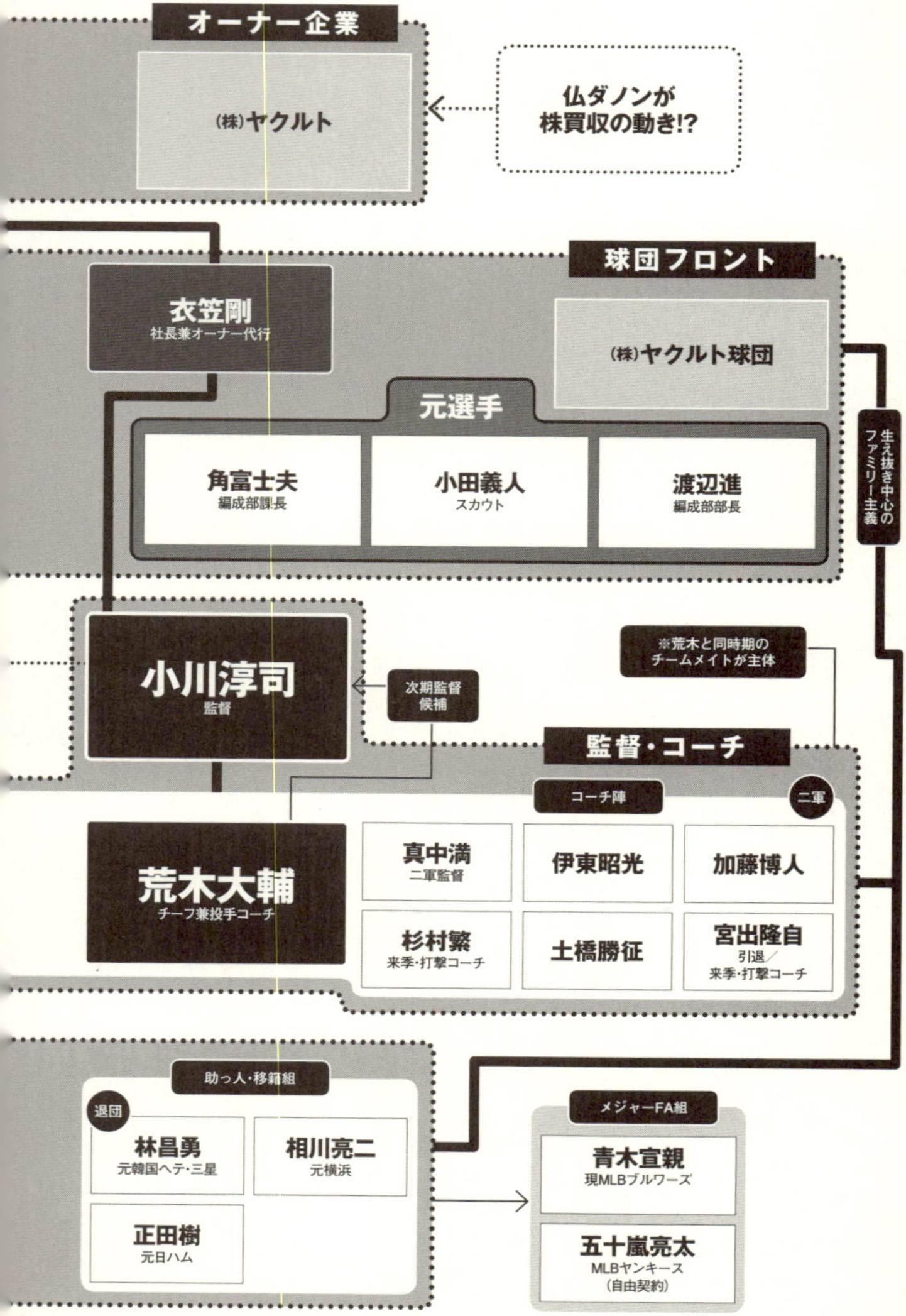
オーナー企業
(株)ヤクルト
仏ダノンが
株買収の動き!?
球団フロント
衣笠剛
社長兼オーナー代行
(株)ヤクルト球団
元選手
角富士夫
編成部課長
小田義人
スカウト
渡辺進
編成部部長
生え抜き中心の
ファミリー主義
※荒木と同時期の
チームメイトが主体
小川淳司
監督
次期監督
候補
監督・コーチ
コーチ陣
二軍
荒木大輔
チーフ兼投手コーチ
真中満
二軍監督
伊東昭光
加藤博人
杉村繁
来季・打撃コーチ
土橋勝征
宮出隆自
引退/
来季・打撃コーチ
助っ人・移籍組
退団
林昌勇
元韓国ヘテ・三星
相川亮二
元横浜
正田樹
元日ハム
メジャーFA組
青木宣親
現MLBブルワーズ
五十嵐亮太
MLBヤンキース
(自由契約)

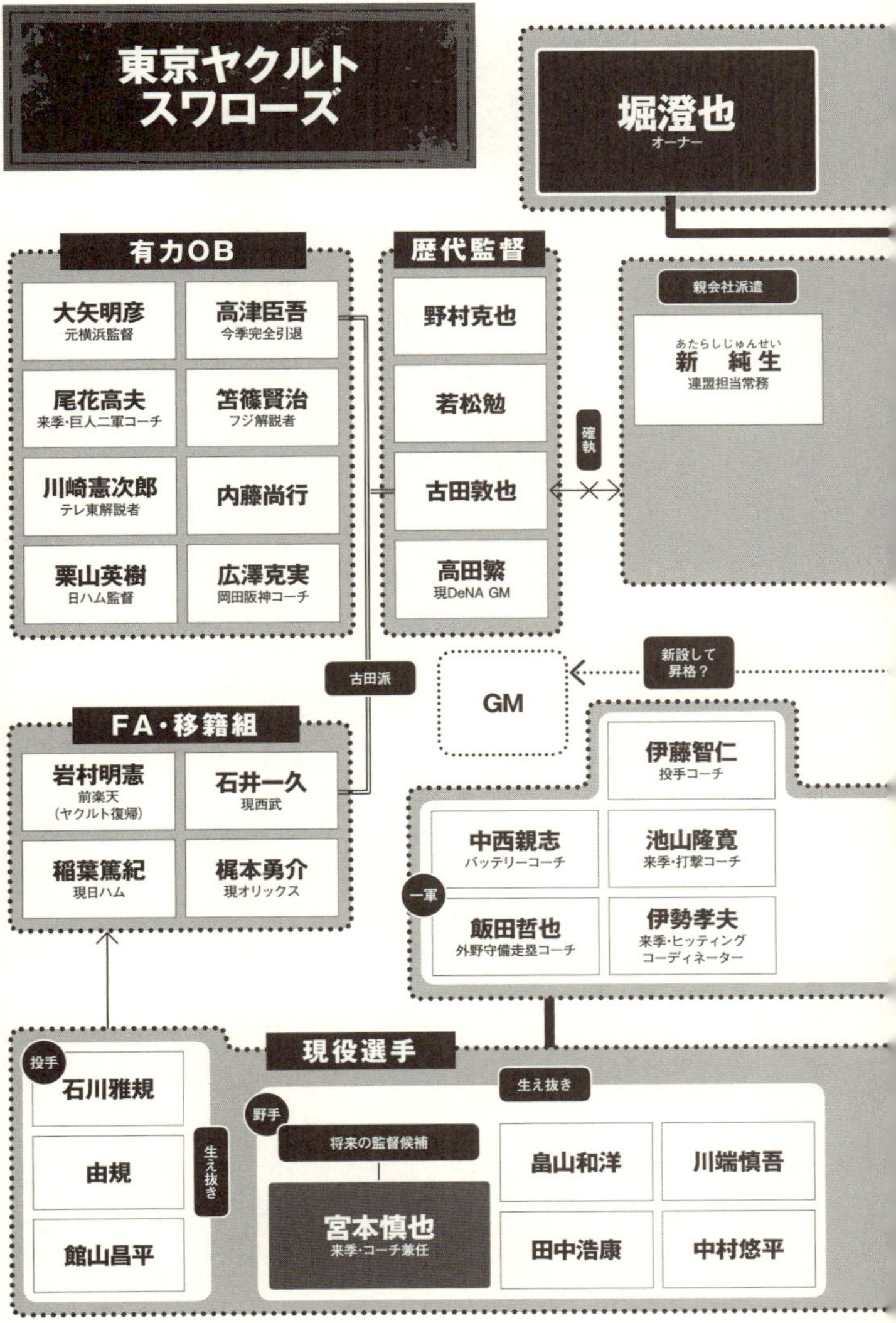
東京ヤクルトスワローズ
堀澄也
オーナー
有力OB
大矢明彦
元横浜監督
高津臣吾
今季完全引退
尾花高夫
来季・巨人二軍コーチ
笘篠賢治
フジ解説者
川崎憲次郎
テレ東解説者
内藤尚行
栗山英樹
日ハム監督
広澤克実
岡田阪神コーチ
歴代監督
野村克也
若松勉
古田敦也
高田繁
現DeNA GM
確執
親会社派遣
新純生《あたらしじゅんせい》
連盟担当常務
古田派
GM
新設して昇格？
FA・移籍組
岩村明憲
前楽天
(ヤクルト復帰)
石井一久
現西武
稲葉篤紀
現日ハム
梶本勇介
現オリックス
伊藤智仁
投手コーチ
一軍
中西親志
バッテリーコーチ
池山隆寛
来季・打撃コーチ
飯田哲也
外野守備走塁コーチ
伊勢孝夫
来季・ヒッティングコーディネーター
現役選手
投手
石川雅規
由規
館山昌平
生え抜き
野手
将来の監督候補
宮本慎也
来季・コーチ兼任
生え抜き
畠山和洋
川端慎吾
田中浩康
中村悠平

古巣に指導者として戻ったら、いい仕事をすると思うんだけどな。

A　まあ、ヤクルトの「ファミリー主義」というのは、あくまでオーナーが頂点に君臨する古典的な家父長制ですから。はみ出し者は、はじき出されてしまうんですよ。

外資が親会社の株買収……球団の身売りの可能性は？

B　でも、いまはオーナー会社の方がたいへんな事態になっているんじゃない？

C　そうだね。世界的な食品・飲料メーカーの仏ダノンが、ヤクルト本社の株を買い増そうとしているんだ。ヤクルトは抵抗しているけど、もともとダノンは同社株20％を持つ大株主で、株の買い増しに関する契約も結んでいる。

A　野球協約では、外国資本の企業がプロ野球のオーナー企業になるのを禁じてます。球団の身売りもありえますかね？

C　一応、ダノンが買い増しを求めているのは36％までだから、野球協約の「49％以上はダメ」というルールには抵触しない。ただ、ダノンはファンドなどを迂回する手法で、非公式にはすでにヤクルト株を40％程度まで買い増しているという情報もある。

B　今後はどういった動きが出てくるんだろう？

C　両社の契約では、株の買い増し提案から6カ月の検討期間が設定されてる。ダノンからの提案が5月だったから、この11月には結論が出てくるだろうね。

A　小川監督への続投要請にも、そういった事情が絡んでいるんだろうか……仮に、来季から荒木体制を発足させるとなると、ご祝儀の意味も含めて、相応の補強をしなきゃならないでしょう。ヤクルト本社には今、とてもそんな余裕はないんじゃないですか？

荒木監督への布石で進む来季

C　そうかもしれないし、その逆かもしれない。ヤクルトが提案を最後まで突っぱねたら、両社の間で株の買占め合戦が繰り広げられる可能性が出てくる。それに備え、ヤクルトが「1円でも多く軍資金が欲しい」と考えていれば、補強にカネを回す余裕はなくなる。あるいは、「世論を味方につけて有利な戦いをしたい」と考えれば、補強にカネを使う可能性もある。

　ダノンのような食品メーカーは消費者のイメージをすごく大事にしているから、大勢のファンに守られた球団のオーナー企業を、カネの力で窮地に追い込むようなことはしないと考えられるよ。

B　ということで、球団としては今後も勝っていくしかないということだが、補強ポイントは？

A　バレンティンら当たっている外人が残留し、楽天を戦力外になった岩村明憲の復帰の動きがある。それに主力は皆、若いですからね。年中ケガをしている由規のかわりに、先発ローテを担える投手をひとり連れてきたらいいかもしれません。

C　あとはやっぱり、宮本の今後に注目すべきじゃないか。話が元に戻るけど、ヤクルト本社が世論の支えを欲しがっているとすれば、いずれ荒木監督が誕生する可能性は高い。そのとき、彼の周りを誰がどう固めるかが重要になる。

　小川体制下で指導者として経験を積めば、荒木体制が生まれたときにヘッド就任もありえるでしょう。

A　そんな回りくどいことをするより、さっさと宮本を監督にした方が早いような気もしますが（笑）。

ＦＡ残留さえ認めない球団オーナーの〝純血主義〟

広島東洋カープ

座談会参加者＝スポーツ紙番記者Ａ／夕刊紙デスクＢ／週刊誌記者Ｃ
構成＝常松裕明

野村監督 vs 投手陣――チーム内にくすぶる火種

スポーツ紙番記者Ａ　昨季まで14シーズン連続でＢクラスに沈んできた広島だけど、今年も最後に力尽きてＣＳ出場は叶わなかった。もともと打線の弱さは致命的だったうえ、４月に中心打者の栗原健太が故障して今季絶望ではどうしようもない。唯一の好材料は、３年目の堂林翔太がようやくレギュラーに定着したことくらいだろう。

夕刊紙デスクＢ　でも、希望も見えてきたよ。特に先発投手陣はエースの〝マエケン〟こと前田健太を中心に、大竹寛、バリントンと駒が揃い、新人の野村祐輔も十分にプロで投げられることを証明した。打線の弱さもあって勝ち星は物足りないけど、先発陣はリーグ屈指の充実度だ。

週刊誌記者C　あとは中継ぎ・抑えの整備で、今季は抑えに予定していたサファテがイマイチだったため、頼りになったのは今村猛と、セットアップと抑えにフル回転したミコライオくらいだったからね。

A　ただ、その投手陣と野村謙二郎監督の関係がうまくいっていない。野村監督は野手出身だけに、投手の起用法に対して不満を持つ選手が少なくないんだ。本来なら大野豊投手コーチの仕事だけど、ここ2年間、「調子のいい投手から使う」という方針でブルペン陣に連投を強いたことで故障者が続出。すっかり選手の信頼を失ってしまった。大野コーチは育成面はともかく、起用面での能力には疑問符がついていたけど、案の定、シーズン後に退任が決まってしまったね。

C　今年は沖縄キャンプの時点から火種がくすぶっていて、「なんで俺が投げる時はあいつがキャッチャーなんだよ！」なんて陰口も聞こえてきた。ローテ投手の大竹や、調子が上がらずくすぶっている永川勝浩あたりが造反組で、大竹がキャンプからドラ1ルーキーの野村に擦り寄っていたため、妙な派閥ができないように野村監督の指令で大野コーチが監視していたよ（笑）。

B　投手陣では、昨年まで睨《にら》みをきかせていたベテランの豊田清や菊地原毅が、引退や育成選手への格下げでチームからいなくなってしまったことも痛かった。

A　野手陣でもベテランの石井琢朗が現役引退を発表した。次のリーダーとしては栗原健太や梵英心、「将来は指導者を目指している」と公言する今年の選手会長・東出輝裕あたりになる。ただ、いずれも怪我や成績にムラがあるタイプで、それどころじゃない。

前田智徳を敬遠して黒田も新井も移籍

A　チームには前田智徳という大ベテランが残っているけど、口数も少なくてリーダーというタイプじゃないからね。打てないときはブスッとして周囲に当たり散らすこともあるし、走塁も緩慢。両足首のアキレス腱を断裂する大怪我をしてからは、もう以前のような活躍は期待できなくなっている。

B　その前田と犬猿の仲だったのが、メジャーに行った黒田博樹投手。一貫してチームの勝利優先でプレイしてきた黒田と、「四球で塁に出るより、ボール球をひっかけて凡退したほうがいい」と公言する前田とは、ソリが合わなかった。実は昨年、黒田がドジャースをFAになった際には広島に復帰する目も十分あったんだ。黒田はメジャーに挑

スローガン
「破天荒 前人未到」
本拠地球場　MAZDA Zoom-Zoom スタジアム広島
2011年成績　５位　60勝76敗8分
勝率.441
打率.245②　本塁打52⑥
防御率3.22④
2012年成績　４位　61勝71敗12分
勝率.423
打率.233⑤　本塁打76③
防御率2.72④

戦させてくれた広島に恩義を感じていて、前田さえ引退していればどんな条件でも広島に戻ろうと思っていたらしい。ところが前田が現役続行を決めてしまったため、復帰はご破算になってしまった。

A ここ数年、前田の存在は広島の悩みの種になっている。集客力がある反面、前田を嫌って広島から出てしまった選手も多くて、阪神にFA移籍した新井貴浩も広島との残留交渉の席で「あの人がいたら、チームはいつまでたっても強くはなれない。僕をとるんですか、あの人をとるんですか?」と迫ったなんて話もあったね。

C ところが前田のことは松田元オーナーが大のお気に入りで、将来の監督候補とまで言われている。あの性格ではとても務まらないと思うんだけどな……。

江藤、金本、新井……有力選手が流出するのはなぜ?

A 広島の特異なチームカラーは、ほとんどすべて、オーナーで球団社長も務める松田元オーナーという存在に集約される。球団の独裁者として監督・コーチ人事から、選手の編成、ドラフトに至るまで、すべてにおいてこの人の意向が優先されているからね。せっかくスカウト部が決めたドラフト戦略でも、最終的にはオーナーの鶴の一声で決まってしまう。

B　広島はプロ野球界で唯一の市民球団と言われるけど、実質的にはマツダの創業者一族である松田家の個人商店だからね。初代オーナーの松田恒次、二代目の松田耕平、そして現在の三代目・松田元オーナーと、完全に松田家が球団を所有してきた歴史がある。

C　現在の筆頭株主はマツダで、残りはカープ系列の企業・カルピオと松田一族が所有している。チーム名に残っている「東洋」はマツダの旧社名・東洋工業からとった名称だけど、これは松田オーナーが愛着を持っているため、なかなか球団名から外さないだけで、マツダは球団経営にはタッチしていない。

B　球団は独立採算制で、よく資金が少ないといわれるけど、実は巨人、阪神と並んで数少ない黒字経営だ。名将・古葉竹識監督の下で優勝した75年以降、現在まで36年連続で黒字決算という優良経営を続けている。

A　でも、それって選手やコーチの年俸を抑えているから実現できることでもある。実際、ＦＡ制度が導入されてから、中心選手が次々とチームを離れてしまった。チームを強くするより、存続させて黒字を出すことに主眼を置いた経営方針は、身の丈にはあっているんだろうけど、ファンとしては歯がゆいところだ。

C　松田耕平前オーナーの時代から、ＦＡ宣言した選手の残留すら認めなかったからね。選手としては残留するにしても、せっかく手にした権利を使って他球団の評価を

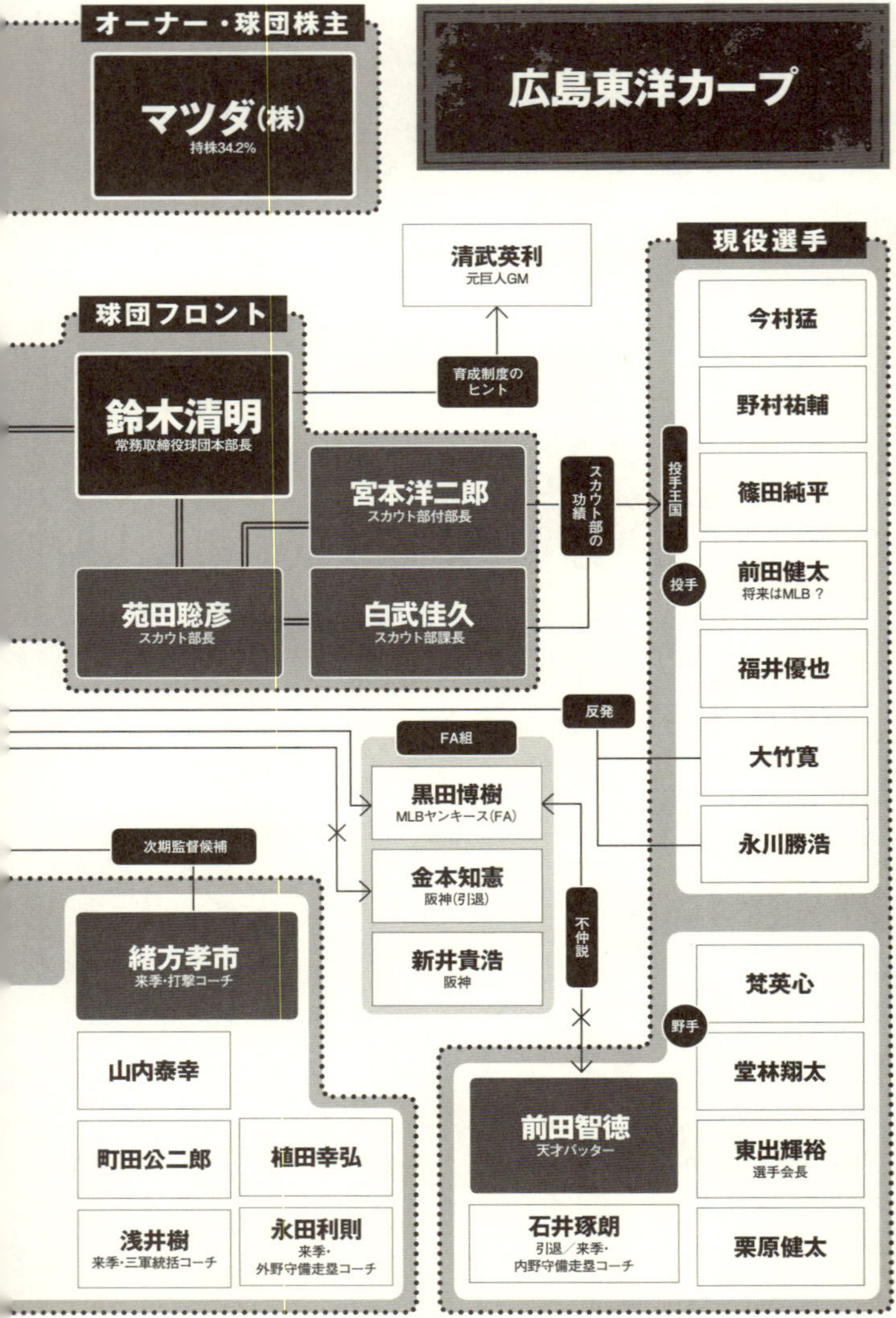

広島東洋カープ
オーナー・球団株主
マツダ(株)
持株34.2%
清武英利
元巨人GM
育成制度のヒント
球団フロント
鈴木清明
常務取締役球団本部長
宮本洋二郎
スカウト部付部長
苑田聡彦
スカウト部長
白武佳久
スカウト部課長
スカウト部の功績
投手王国
現役選手
投手
今村猛
野村祐輔
篠田純平
前田健太
将来はMLB?
福井優也
大竹寛
永川勝浩
反発
FA組
黒田博樹
MLBヤンキース(FA)
金本知憲
阪神(引退)
新井貴浩
阪神
不仲説
次期監督候補
緒方孝市
来季・打撃コーチ
山内泰幸
町田公二郎
植田幸弘
浅井樹
来季・三軍統括コーチ
永田利則
来季・
外野守備走塁コーチ
野手
梵英心
堂林翔太
東出輝裕
選手会長
栗原健太
前田智徳
天才バッター
石井琢朗
引退/来季・
内野守備走塁コーチ

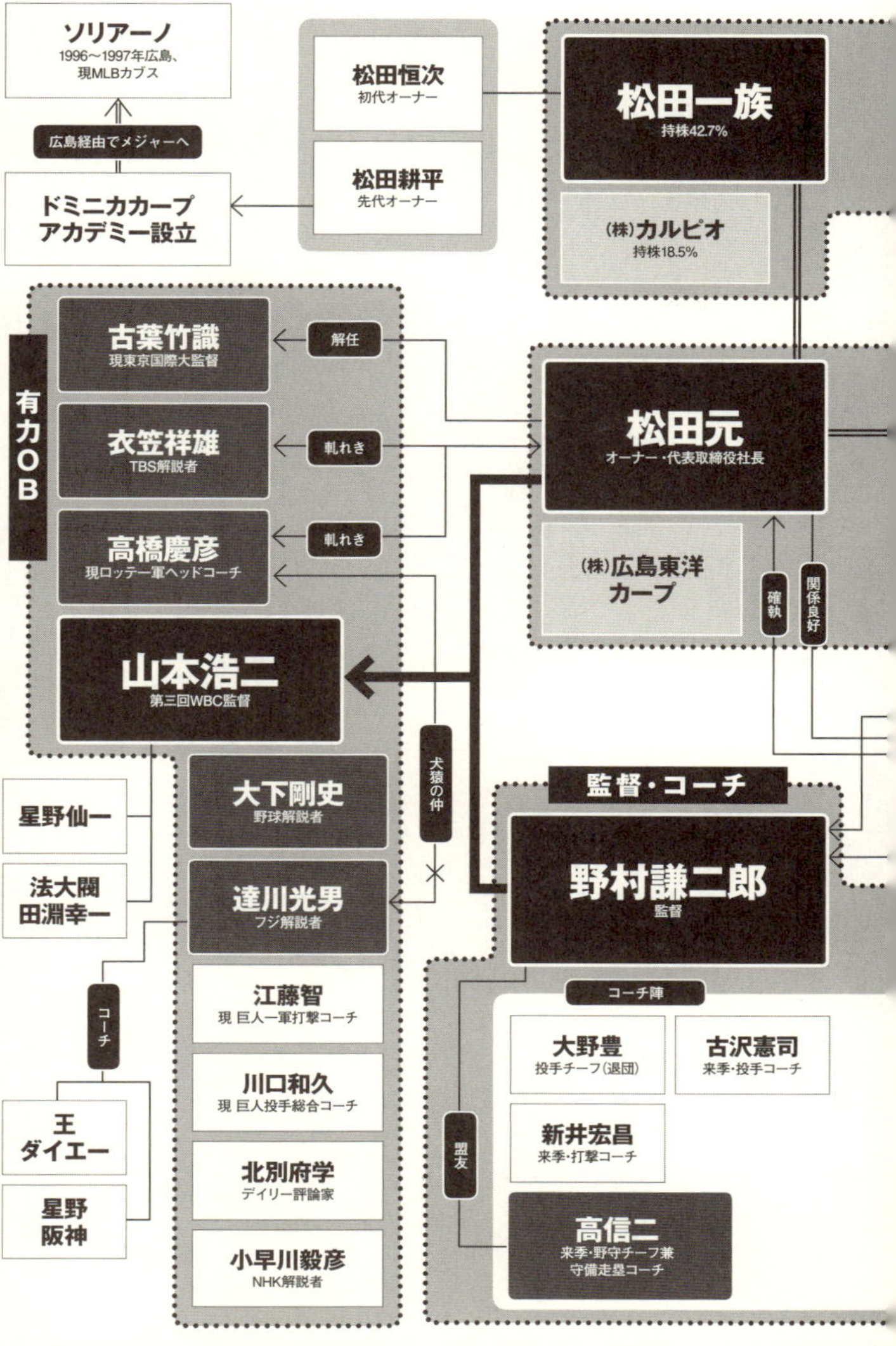
ソリアーノ
1996～1997年広島、
現MLBカブス
広島経由でメジャーへ
ドミニカカープ
アカデミー設立
松田恒次
初代オーナー
松田耕平
先代オーナー
松田一族
持株42.7%
(株)カルピオ
持株18.5%
有力OB
古葉竹識
現東京国際大監督
解任
衣笠祥雄
TBS解説者
軋れき
高橋慶彦
現ロッテ一軍ヘッドコーチ
軋れき
松田元
オーナー・代表取締役社長
(株)広島東洋
カープ
確執
関係良好
山本浩二
第三回WBC監督
星野仙一
法大閥
田淵幸一
犬猿の仲
大下剛史
野球解説者
達川光男
フジ解説者
コーチ
王
ダイエー
星野
阪神
江藤智
現 巨人一軍打撃コーチ
川口和久
現 巨人投手総合コーチ
北別府学
デイリー評論家
小早川毅彦
NHK解説者
監督・コーチ
野村謙二郎
監督
コーチ陣
盟友
大野豊
投手チーフ(退団)
古沢憲司
来季・投手コーチ
新井宏昌
来季・打撃コーチ
高信二
来季・野守チーフ兼
守備走塁コーチ

聞いてみたいと思うのは当然なんだけど、これで川口、江藤、金本、新井といった主力が流出してしまっている。

B　引退会見で「本当は出たくなかったんだけど……」と話していた金本は、当時の選手会長だった浅井樹とともにＦＡ残留を認めるように球団と再三、交渉したものの受け入れてもらえなかった。チームを出た金本は「あのオッサンがオーナーしてる限り、広島は絶対強くなれへん」なんて松田オーナーを批判していたけど、一方この時、ＦＡ宣言をせずにチームに残留した浅井は、現在は一軍の打撃コーチをやっている。

衣笠はなぜ広島の監督になれない？

A　ＦＡ宣言をしないで球団に残るかどうかは、広島の選手にとって引退後の仕事にまでかかわる問題だ。野村監督や浅井コーチのように残留すれば、将来、球団での仕事が保障されるからね。来季は純血主義の広島にしては珍しく、オリックスから新井宏昌を打撃コーチに招へいしているけど、広島の首脳陣はほとんどがチームに在籍経験のある純血主義でやってきた。実際、将来の監督候補のひとりでもある緒方孝市もＦＡ宣言をせずに残ったクチだし、今年海外ＦＡ権を取った栗原も権利を行使しなかったし、複数年契約が切れる東出輝裕、横山竜士あたりも残留を決めている。

C　最終的にはオーナーに気に入られるかどうか、ということだよ。大物ＯＢの衣笠祥雄が監督をやらないのも、松田オーナーとの確執があったからと言われてるし、オーナーとモメて放出された高橋慶彦も広島に戻る目は完全にない。逆に実績がない選手でも高信二や山内泰幸、町田公二郎のように覚えがめでたければコーチやフロント入りの道もある。よく言えば身内に手厚いんだけど、オーナーの好き嫌いだけで決まる首脳陣というのは、やっぱり問題だよ。

A　オーナーは今でもよく選手を自宅に呼び出して野球の話をしてる。選手側も面倒ではあるけど、ここで気に入られれば将来は安泰という計算もあるみたい（笑）。

球界一の優秀なフロント

B　それでも何とかもっているのは、番頭格としてチームの実務を取り仕切ってきた鈴木清明球団本部長のような優秀なフロントのおかげだろう。育成選手の制度や三軍制の導入、ドミニカ共和国のカープアカデミー設立など、オーナーのアイディアを実現してきた人で、選手からの信頼も厚い。06年に黒田がＦＡ権を取った年の契約更改は今でも語り草になっていて、この年は黒田慰留にかかりきりだった鈴木部長が不在で、９人の契約保留者が続出。なんとか黒田の残留を説得した鈴木本部長が乗り出したところ、ほとんどの選手が上積みナシでスンナリ契約を更改したからね。

C　もうひとつ、広島のフロントで外せないのはスカウト部の手腕。補強に金がかけられない中で、地元の好選手を見つけて入団させてきた功績は、広島の根幹を支えていると言っても過言じゃない。

B　スカウト部の中心人物は苑田聡彦スカウト部長。選手時代には、当時の広島コーチだった広岡達朗に鍛えられた経験もあって、選手を見る目には定評がある。この下にはマエケンを獲った宮本洋二郎や、地元の四国・中国地方を担当する白武佳久といった腕利きもいて、他球団のスカウトからも一目置かれている。

A　二代目オーナーは「うちは金はないが、石を探してダイヤモンドに磨き上げる技術は12球団一だ」「プロ野球では広島出身のコーチが最も多い」なんてナベツネあたりに自慢していたそうだ。確かにキャンプを見ても、広島の練習は質量共に群を抜いて多いし、練習や育成のノウハウも自然に身につくんだろうけど、それも石ではなくダイヤの原石を見つけてくるフロント陣の能力があってこそ。

C　新球場の効果もあって収益も悪くない。あとはオーナーがもうちょっとお金を出してくれれば大化けするチームなんだけど、まあ、無理そうだね（笑）。

猛虎復活はいつ!?　OBコーチの育成と大型補強に中村勝広GMの手腕が問われる

阪神タイガース

座談会参加者＝スポーツ紙番記者A／夕刊紙デスクB／週刊誌記者C

構成＝常松裕明

やっぱり低迷……和田阪神の内情

スポーツ紙番記者A　今シーズンの阪神は、どこよりも早くストーブリーグに突入してしまったね（笑）。よかったのは開幕直後だけで、あとは例年通り交流戦からズルズルと負けが続き、夏が終わる頃には「振り向けばＤｅＮＡ」というテイタラク。結局、巨人のペナント優勝が決まる前から来期に向けての動きを始めるしかなかった。

夕刊紙デスクB　レギュラー陣の高齢化や故障は今年に限った話じゃないし、こうなることはファンでも予想できたはず。特に野手陣は壊滅状態で、金本知憲は右肩がボロボロで守るポジションがない状態だったし、腰に爆弾を抱えていた城島健司は「捕手ができないから一塁を守る」と勝手なことを言い出し、ブラゼルと大モメした挙句に古傷の左膝をイワせて今季絶望。頼みの新井貴浩や助っ人・マートンも絶不調で、キレたマートンが「（投げていた）能見（篤史）さんが嫌いだから、相手に点をあげたんだ」なんて暴言を吐いた件が騒ぎになった。まあ、これはヤケ気味で言ったジョークをマスコミが大げさに書きたてただけなんだけどね。投手陣はソコソコ頑張ってたけど、これだけ点が取れない打撃陣では勝てないのも当然だった。

週刊誌記者C　阪神の場合、選手の指導はコーチ陣に任せるのが伝統だけど、そのコーチ陣も機能したとは言えず、片岡篤史打撃コーチに、経験不足の藪恵壹投手コーチあたりが戦犯扱いされている。今季の阪神はコーチ陣に和田新監督と気心が知れた生え抜き組を大量に採用しているんだけど、「お友達首脳陣」では厳しい状況を乗り切るのは難しかったようだ。

A　そんな仲良し首脳陣のカンフル剤として登用されていた有田修三ヘッドコーチも今季限りでの辞任が決定。8月には「辞めろ」というファンのヤジに「うるさい！」と逆ギレして一触即発の状態になったこともある熱血漢だけど、とにかく率直というか口が悪いキャラクターがチームにハマらなかった。「選手の話も聞かないで批判ばかりする」とベテランからは疎《うと》まれ、イマドキの若手選手にも響かず、何より地味な和田監督ともシックリいってなかったからね。

B　有田ヘッドは解説者時代から毒舌で有名で、城島なんかボロクソにケナしていた。

そんな2人が上手くいくわけがなくて、怪我が深刻化する前から「有田ヘッドがいる限り、城島は捕手で出場はできない」なんて悪い冗談まで飛び交っていた（笑）。

A　でも、不思議なことに和田監督を批判する声はそれほど聞こえてこない。確かに強力なリーダーシップを発揮するタイプではないけど、実は記者の間でも評価はそれほど悪くない。現役時代から膨大な資料や選手の特徴を細かくメモした「和田ノート」をつけるなど、野球理論や育成にもしっかりした考えを持っていて、選手やコーチ間でのバランス感覚もいい。今年は作戦云々以前の問題だよ。

B　ここ数年の低迷の原因は、明らかにフロント主導による戦力補強の失敗だからね。阪神の選手年俸総額は巨人を抑えて球界一高いんだけど、その高額選手がほとんど活躍できていない。ＦＡでロッテから獲得した小林宏なんか、ほとんど一軍で投げられないまま来季の戦力外が決まってしまった。これも獲得前にしっかりリサーチしていれば避けられた失敗だ。

A　そもそも和田監督誕生も阪神らしいドタバタだったからね。昨シーズン終了時点では真弓前監督の続投は既定路線だった。ところがＢクラスが決まった10月に坂井信也オーナーが試合を視察した際、甲子園のファンに囲まれ「い

スローガン
「Go for the Top 熱くなれ!!」

本拠地球場　阪神甲子園球場
2011年成績　４位　68勝70敗6分
勝率.493
打率.255①　本塁打80④
防御率2.83③
2012年成績　５位　55勝75敗15分
勝率.423
打率.236④　本塁打58⑥
防御率2.65③

つまで真弓にしとんのや！」と罵声を浴びせられたことでコロッと解任を決意し、急きょ、打撃コーチだった和田を監督に抜擢したという経緯がある。

B　必要以上にファンの声に反応して、場当たり的に対処するのは阪神の伝統だ（笑）。

中村GMの招へいは批判からの弾除け？

C　フロントもようやく重い腰を上げて、9月には球団史上初となるGMの導入を決定し、OBで阪神監督の経験もある中村勝広に白羽の矢を立てた。中村GMは早速、メジャーでくすぶっている福留孝介や西岡剛、川崎宗則といった選手の獲得や、スターOBの掛布を臨時打撃コーチで使いたいといった改革案をブチ上げている。

B　福留あたりは、契約しているマネジメントオフィス『オクタゴン』のボスが城島の代理人でもあったアラン・ニーロということでルートはありそうだけど、今の阪神フロントが中日との争奪戦に勝てるかどうか。

A　中村GMは不良債権化したベテラン選手の整理にも着手していて、まず〝アニキ〟こと金本知憲が引退を発表した。金本自身は来季も現役を続行するつもりでいたし、中村GMが就任会見を開いた直後の段階では、球団側も来季も契約する方針をメディアに漏らしていたんだ。ところがその直後に南信男球団社長が直々に出向いて、

「進退について考えてみたらどうか？」と事実上の引退勧告をしていたっていうんだからよくわからない。

B　続いて城島健司も引退を発表しているけど、一応は戦力になっていた金本に比べ、こちらは年俸4億円の4年契約に対し、ほとんど活躍できなかったからね。さすがにバツが悪かったのか、引退会見では契約が残るあと1年分の年俸の返上を公言したけど、これにはフロントもホッとしただろう（笑）。

C　不良債権化していた城島の処遇には球団も頭を痛めていたからね。来季、『デイリースポーツ』の評論家をしている水谷実雄が打撃チーフコーチに就任することになったけど、当初はダイエー時代に城島を育てた水谷コーチは、城島に引導を渡すために呼ばれたんじゃないかともっぱらの噂だった。

C　日本一の集客を誇る阪神は、もともと阪神電車に乗って球場にお客さんが来てくればいいというビジネスモデル。チームが強いにこしたことはないけれど、それ以上に、ファンの話題になって球場に人が来てくれればそれでいいという考えだった。ところが金本や城島のように、人気選手でも試合に出られない状態では話にならない。さらにここ数年の低迷で肝心の観客数も低下してきていて、フロント陣も安閑とはしていられなくなってきたようだ。

B　それでもまだ生温く見えるよ。危機感のなさは、中村勝広をＧＭに抜擢した、そ

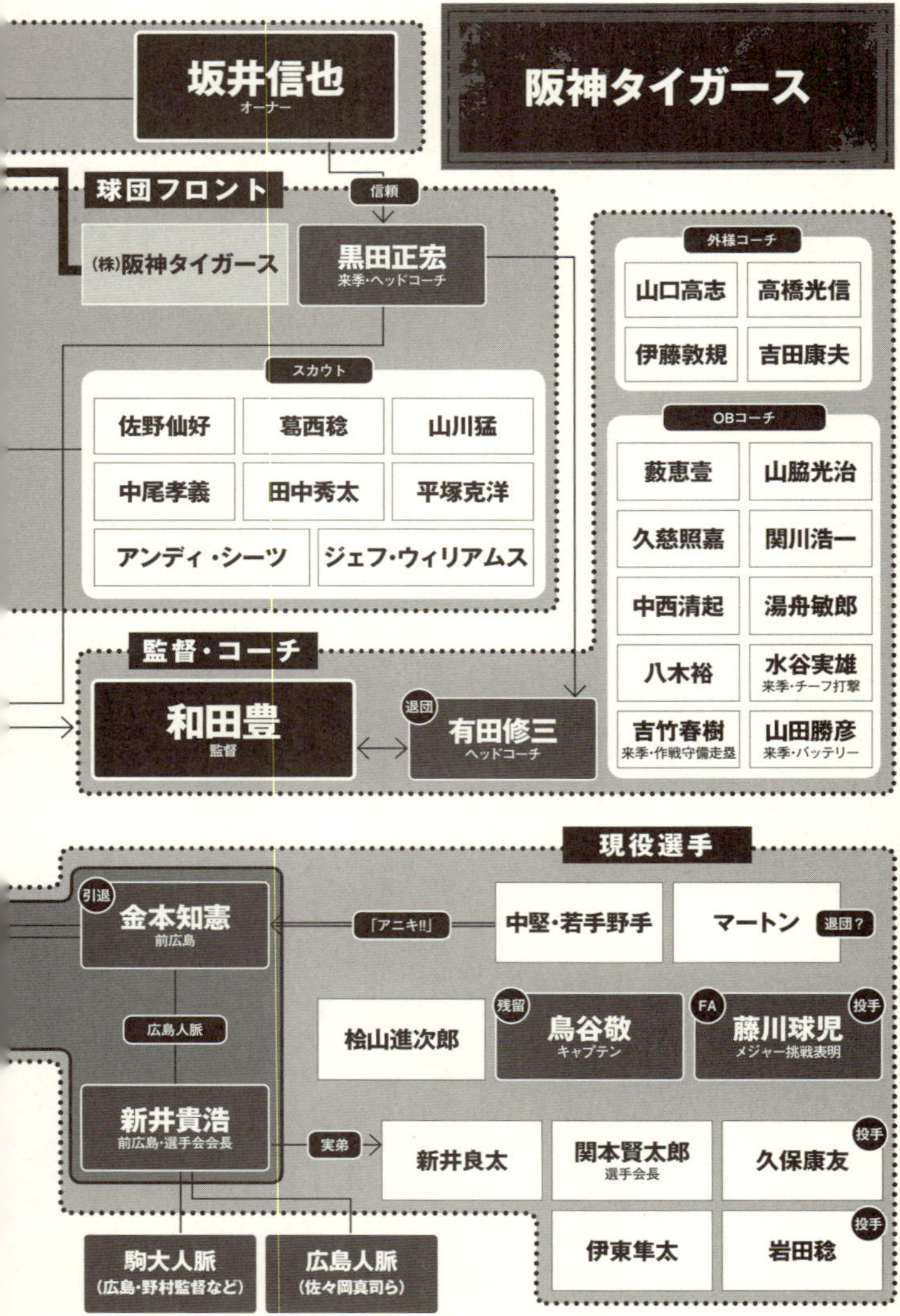
阪神タイガース
坂井信也
オーナー
信頼
球団フロント
(株)阪神タイガース
黒田正宏
来季・ヘッドコーチ
スカウト
佐野仙好
葛西稔
山川猛
中尾孝義
田中秀太
平塚克洋
アンディ・シーツ
ジェフ・ウィリアムス
外様コーチ
山口高志
高橋光信
伊藤敦規
吉田康夫
OBコーチ
藪恵壹
山脇光治
久慈照嘉
関川浩一
中西清起
湯舟敏郎
八木裕
水谷実雄
来季・チーフ打撃
吉竹春樹
来季・作戦守備走塁
山田勝彦
来季・バッテリー
監督・コーチ
和田豊
監督
退団
有田修三
ヘッドコーチ
現役選手
引退
金本知憲
前広島
「アニキ!!」
中堅・若手野手
マートン
退団?
広島人脈
桧山進次郎
残留
鳥谷敬
キャプテン
FA
投手
藤川球児
メジャー挑戦表明
新井貴浩
前広島・選手会会長
実弟
新井良太
関本賢太郎
選手会長
投手
久保康友
伊東隼太
投手
岩田稔
駒大人脈
(広島・野村監督など)
広島人脈
(佐々岡真司ら)

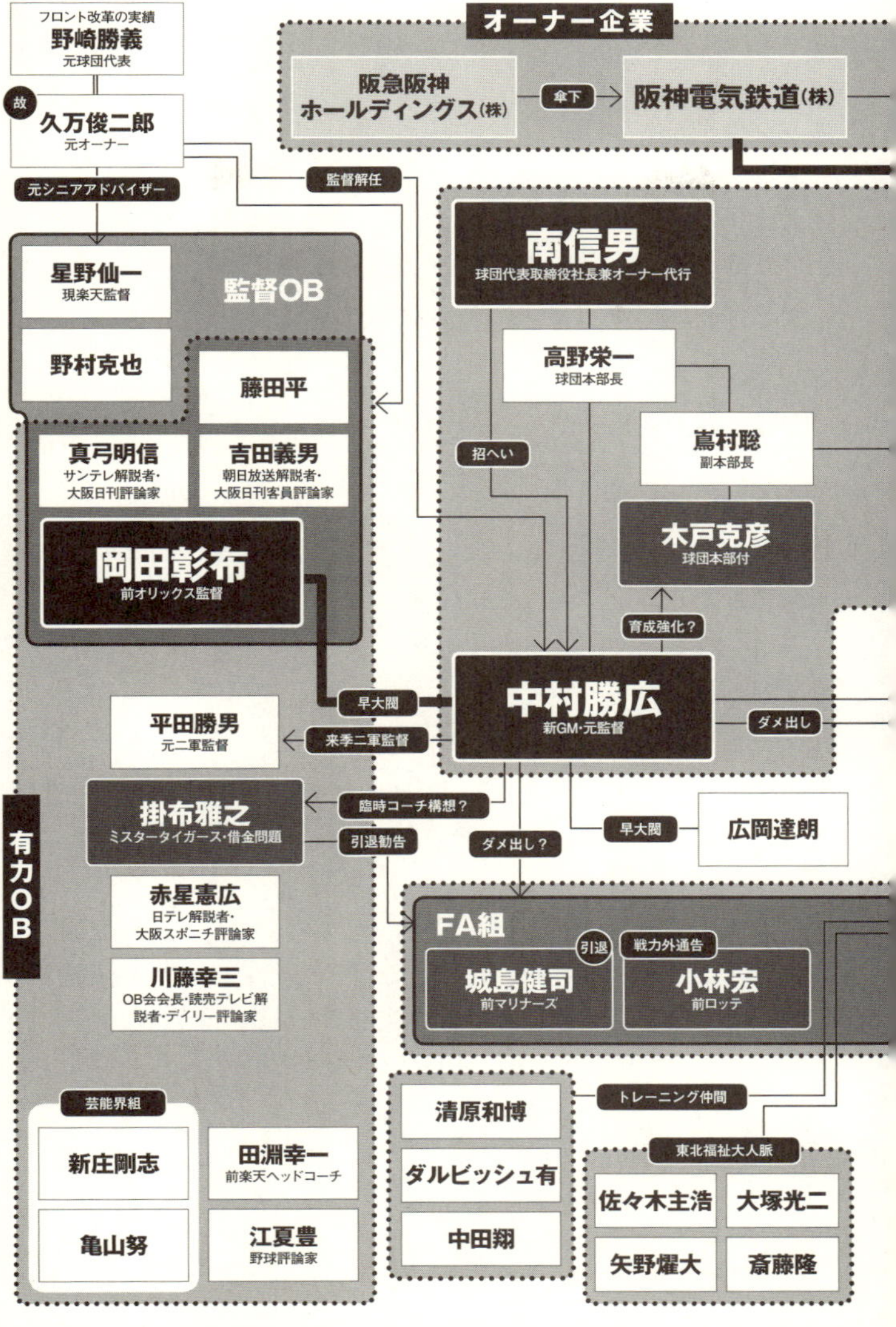

フロント改革の実績
野崎勝義
元球団代表
故
久万俊二郎
元オーナー
元シニアアドバイザー
監督解任
オーナー企業
阪急阪神ホールディングス(株)
傘下
阪神電気鉄道(株)
星野仙一
現楽天監督
監督OB
野村克也
藤田平
真弓明信
サンテレ解説者・大阪日刊評論家
吉田義男
朝日放送解説者・大阪日刊客員評論家
岡田彰布
前オリックス監督
南信男
球団代表取締役社長兼オーナー代行
高野栄一
球団本部長
嶌村聡
副本部長
招へい
木戸克彦
球団本部付
育成強化?
早大閥
中村勝広
新GM・元監督
ダメ出し
平田勝男
元二軍監督
来季二軍監督
掛布雅之
ミスタータイガース・借金問題
臨時コーチ構想?
引退勧告
ダメ出し?
早大閥
広岡達朗
有力OB
赤星憲広
日テレ解説者・大阪スポニチ評論家
川藤幸三
OB会会長・読売テレビ解説者・デイリー評論家
FA組
引退
城島健司
前マリナーズ
戦力外通告
小林宏
前ロッテ
芸能界組
新庄剛志
田淵幸一
前楽天ヘッドコーチ
亀山努
江夏豊
野球評論家
清原和博
ダルビッシュ有
中田翔
トレーニング仲間
東北福祉大人脈
佐々木主浩
大塚光二
矢野燿大
斎藤隆

の人選からも見て取れる。中村ＧＭは、経験はあるんだけど、過去、手腕を発揮してきたとは言いがたい。たとえば、阪神監督時代の92年には優勝争いをしたものの、翌年には躍進を支えた若い投手陣をトレードで放出し、松永浩美や高橋慶彦という盛りの過ぎた大物を獲得して大失敗。首位打者まで取ったオマリーを「ホームランが少ない」という理由で自由契約にしたところ、移籍したヤクルトで大活躍なんてこともあった。６年間監督をやって、最下位が３回、Ａクラス（２位）はたったの１回だった。

A　オリックスでのＧＭや監督、球団本部長時代も、これといった結果は残せていない。当時は「宮内オーナーによほど気に入られてるんだろう」なんて陰口も聞こえてきた。今回の阪神ＧＭ就任にしたって、「能力ではなく人脈で決まった」ともっぱらだ。

C　中村ＧＭが阪神の監督をしていた時代に広報を担当していたのが、現在の南球団社長だからね。その後、中村ＧＭがオリックスに行くと、今度はオリックスが阪神から濱中治、吉野誠、ボーグルソンを獲得するなど、ずっと太いパイプが続いている。阪神が今年の沖縄キャンプに名将・広岡達朗さんを「コーチ陣のコーチ」として招待してたのも南社長－中村ＧＭの人脈だしね。広岡さんと中村ＧＭは同じ早稲田大学の出身で、中村ＧＭの監督時代にも世話になっている。南社長はこのルートを使って六大学の選手の情報なんかも集めていた。

A　そんな事情を知っているベテラン・中堅選手の間からは「ウチのフロントはまだ、仲良しクラブでやりたいんだね」なんて声も聞こえてくる。

B　中村GM招へいはフロントがファンの批判をかわすための「弾除け」でしかないとも言われてる。実際、GMといっても、球団内では南社長どころか高野栄一球団本部長の下に付くかたちで、実権はフロントが握ったまま。結局はフロントの顔色を伺って、ということになりかねない。まあ、この実績では弾除けとしての効果も「鉄板どころかせいぜいトタン程度」なんだけど（笑）。

狙いは決して悪くない南社長のフロント改革

A　阪神のフロントは伝統的に監督・コーチ人事をめぐって〝お家騒動〟が頻発してきた過去がある。04年の一場問題で久万さんが辞任してからも手塚昌利、宮崎恒彰とオーナーがコロコロ代わってきた。宮崎オーナー時代までは、当時の星野仙一シニア・ディレクターの影響力が大きくて、フロントと現場はうまくいっていなかったけど、08年から現在の坂井オーナーになって、ようやく落ち着いてきた。

C　阪神電鉄も05年の村上ファンド買収問題を契機にバタバタしていたからね。阪神電鉄は村上ファンドに対抗するため、06年に阪急グループと経営統合して阪急阪神ホールディングスの傘下に入っている。本来なら、経営母体が変わったことで、日本野球機構への加盟料30億円問題はあったものの、結局オーナー会議でウヤムヤになったなんて事件もあった。

A　坂井オーナーと南社長の関係は今のところうまくいっていて、坂井オーナーも、現場に関する判断は南社長に任せるとは言っているんだけど、南社長は自分でアマチュアの選手までチェックしているほどの野球好きだけに、このままいくとも思えない。というのも、実は中村ＧＭ招へいの話は昨オフにも一度、南社長が提案して坂井オーナーが却下していた話なんだ。今回も決定直前まで親しい記者に「他にいないんですか？」と漏らしていたらしい。中村ＧＭの結果が出なければ、またぞろお家騒動の火種になりかねない。

B　その南社長は、87年に電鉄本社から球団広報に出向して以来、甲子園球場の球場長を務めるなど電鉄のレジャー事業部畑を歩いてきた。04年に球団の常務取締役になってからは実質的に球団経営を取り仕切ってきたキーマン。07年に球団社長に就任してから、ファームやフロントの改革に着手しているようだけど、思うように機能していないのが現状だ。

C　阪神のフロントは、実力よりも人脈がものを言う世界だからね（笑）。たとえば南社長は10年に、ＦＡ・ドラフト戦略失敗のＡ級戦犯と言われていた黒田正宏編成部長をシニアアドバイザーという職を作って実質的に棚上げしている。黒田部長は、坂井オーナーが球場に行くと、必ず近くに呼んで解説をさせていたくらい気に入られていたんだけど、南社長の方針とは必ずしも一致していなかったからね。

A　ところが驚いたことに、急転直下で来季は黒田ヘッドコーチという組閣が決定した。中村ＧＭに不安感を示していた坂井オーナーのプッシュがあったことは間違いなさそうだけど、長期低迷の責任者を現場のナンバー２に登用するチグハグさは理解できないよ。

B　それでも、中村ＧＭだってマイナス面だけじゃない。フロント主導で和田監督に厳しい注文を出せるという利点はあるし、実際、ＧＭ就任会見では「打順編成が理にかなっていない」なんて、早速、采配批判とも取れるような発言も飛び出していた。和田監督も今季の成績じゃあ文句は言えない。気分はよくないだろうけどね。

A　もうひとつ、中村ＧＭの本当の目的は、フロントの人材育成にもあるようだ。毎回、阪神が新監督をめぐってモメるのは、球団ＯＢの指導者が少ないことも原因のひとつだからね。実際、球団本部付という中途半端なポジションでフロントにいた木戸克彦をＧＭ補佐にしているし、来季は、チームを離れて評論家をしていた平田勝男に声をかけて二軍監督に呼び戻している。それにしても、ＯＢ指導者の人材不足は球界一かも？

C そのわりに来季の組閣を見ても和田監督、黒田ヘッド以下、とにかく数だけは多い。打撃コーチは水谷チーフ、外野守備走塁コーチから配置転換された関川浩一、高橋光信という異例の3人体制だし、吉竹春樹二軍監督が作戦守備走塁コーチにスライド。投手コーチは中西清起、山口高志が留任。バッテリーコーチは、球団OBの山田勝彦がオリックスからやってくる。

B 投手コーチでは、韓国・斗山で二軍インストラクターをしていた久保康生にオファーがあったという報道が出たけど、結局、なくなったようだし、日テレで解説者をしている赤星憲広、昨シーズンにコーチの依頼を断った矢野燿大なんかの名前も挙がっていた。ただ、赤星や矢野はコーチ経験がない。阪神って本当にOB指導者の人材が不足しているんだね。

C こうなってくると、掛布のコーチ招へいも単なる話題作りだけとは思えなくなってくる。借金問題や酒を飲んだときの素行がネックになって阪神復帰はないと見られていたものの、中村GMは同じ千葉県出身の掛布を以前からかわいがっていて、オリックス時代にも臨時打撃コーチをさせている。ファンが望めば本当にあるかもしれないよ。

A もっとも、来季の阪神はコーチ陣云々より、まずは戦力補強が急務だ。チーム内をまとめていた金本が抜けるのも痛いし、絶対的な守護神の藤川球児のメジャー行きも決定的。鳥谷敬と平野恵一の二遊間コンビもＦＡで、鳥谷は残留を決めたが、平野はＦＡ権を行使して、他球団に移るようだ。４番に抜擢された新井良太も実績はまだまだし、主力がゴッソリ抜けた後に取って代わるような若手の成長も見当たらない。トレードやＦＡ戦略も含めて中村ＧＭの仕事は就任早々、厳しいものになっている。

B　その意味では、ドラフトで大阪桐蔭の藤浪晋太郎を指名できたことは久々の明るいニュースだったね。ただ、阪神はファンからのプレッシャーも並大抵じゃないし、今のコーチ陣で育てることができるかどうかも疑問だよ。期待できそうなのは、他球団で経験を積んできた山田バッテリーコーチくらいだろう。

C　とにかく、このまま暗黒時代に逆戻りするのか、それとも強いタイガースが戻ってくるのか。南社長と中村ＧＭの手腕にかかっていることは間違いないだろう。

高田ＧＭ－中畑監督の球界人脈をフル活用した補強が急務

横浜ＤｅＮＡベイスターズ

座談会参加者＝夕刊紙元記者Ａ／スポーツ紙デスクＢ／週刊誌野球担当Ｃ

構成＝李策

ドラフトも補強もちぐはぐなのはなぜ?

夕刊紙元記者Ａ　ＴＢＳからディー・エヌ・エーへの球団株の売却合意が11年10月、オーナー会議での承認を経て高田繁ＧＭが就任したのが12月5日。その時点になって監督候補だった工藤公康の起用断念が発表され、中畑清監督の就任に漕ぎ付けたのが12月9日だった。高田ＧＭは就任会見で「強いチームを新監督に渡す」と言っていたけど、移籍マーケットはすでに閉じていた。今季の低迷は最初から決まっていたわけです。

スポーツ紙デスクＢ　今年に限っては、首脳陣もその言い訳を使えるね。そもそも横浜のＢクラス暮らしが始まったのは、球団の経営権がマルハからＴＢＳへ移った02年から。10年かけて落ちぶれた球団を、大型の補強なしに浮上させるのは不可能でしょ。

週刊誌野球担当C　ドラフトの失敗が響いているんだろうか。ここ5年ほどの間に入った新人で、戦力になっているのは抑えの山口俊と中継ぎの加賀繁、野手なら筒香嘉智に荒波翔ぐらいしか思いつかない。

A　今季も勝ち頭は39歳のエース三浦大輔と、巨人から村田修一と入れ替わりで来た藤井秀悟。05年以降にドラフトで入団した全投手の11年までの勝敗が、計80勝１６２敗という数字もあります。

B　球団は07年に、部長以下４人のスカウトを一気に退任させている。それまで選手の評価はスカウトに任され、監督やコーチが確認しようにもビデオひとつないということもあったらしい。

C　その年の４月には、04年ドラフトで入団した那須野巧（その後、ロッテを経て事実上引退）に、契約金の最高標準額を大きく上回る５億３０００万円が流れていたことが明るみに出ているね。そのうち相当額が〝関係各所〟に流れたとされている。これがスカウト粛清の背景でしょう。

B　横浜はもともとニッポン放送（フジテレビ系列）が30％の大株主で、持ち株比率がその半分しかなかったＴＢＳは、

スローガン
「熱いぜ！横浜DeNA」

本拠地球場	横浜スタジアム
2011年成績	６位　47勝86敗11分 勝率.353 打率.239⑤　本塁打78⑤ 防御率3.87⑥
2012年成績	６位　46勝85敗13分 勝率.351 打率.233⑤　本塁打66⑤ 防御率3.76⑥

試合中継で後塵《こうじん》を拝していたこともあって球団の内情を知らなかったようだ。そんな「プロ野球オンチ」のオーナー会社の下で、一部のワルがやりたい放題だったのだろう。

A　しかし07年以降も、補強は迷走を続けている。投手陣の再建を急がなきゃならないのに、11年のドラフトで取った投手は全員高校生だった。12年になってようやく、東浜巨（亜細亜大）を１位指名。２位で１５５キロ右腕の三嶋一輝（法政大）、３位でも１４０キロ後半の井納翔一（ＮＴＴ東日本）を取った。

B　東浜はソフトバンクに取られたけど、外れ１位の白崎浩之も駒沢大の大型内野手だ。これまでは野手もタイプが重なっていた。いわゆる「俊足巧打」の選手があふれていて、２遊間と外野が飽和状態になっている。そこにまた、２塁手の渡辺直人（元楽天）や外野の小池正晃（中日から復帰）を取るんだから、ＴＢＳ時代のフロントは何をしたいのか、本当にわからなかった。

中畑人脈が中心の首脳陣は実は優秀

A　楽しみな選手もいますけどね。スラッガーの筒香なんかはチームの希望の星。育成出身で一軍２年目の国吉佑樹もそうです。９月８日にプロ入り初完封で３勝目を飾ったんだけど、このときすでに10敗していた。それでも中畑監督は、「10敗も任せられる投手になったってことだ」と言って大喜びだった。

C　それ、具体的に首脳陣のどこからの采配なんだろうね。中畑監督はBクラス確定時に激怒していたし、その直後には審判に対する暴力行為で退場になった。そんなにクールな目を持っているようにも思えないんだが……。

A　投手陣は、デニー（友利結）コーチをよく慕っていますね。エースで選手のまとめ役でもある三浦大輔が、「あの人は兄貴分。オレたちのためによくしてくれているのはわかっている」と言ってる。

C　首脳陣は中畑監督と高木豊コーチの微妙な空気ばかり気になったけど、「高木ーデニー」のOBラインが選手の統率で機能しているというわけか。

B　それからほとんど知られていないけど、中畑監督の補佐役はかなり充実しているんだ。

C　シーズン後に二宮至一軍コーチが、ヘッド格の野手総合コーチに昇格したね。これでヘッドからチーフ兼打撃担当になった高木コーチを含めて「トロイカ体制」になった。

B　二宮コーチは、監督とは駒大と巨人の同期で、平田薫（元巨人・横浜・ヤクルト）を含めて「駒沢三羽ガラス」と呼ばれていた。彼らは長嶋巨人を低迷から蘇生させた「地獄の伊東キャンプ」（79年）を経験した世代で、結束がものすごく強い。二

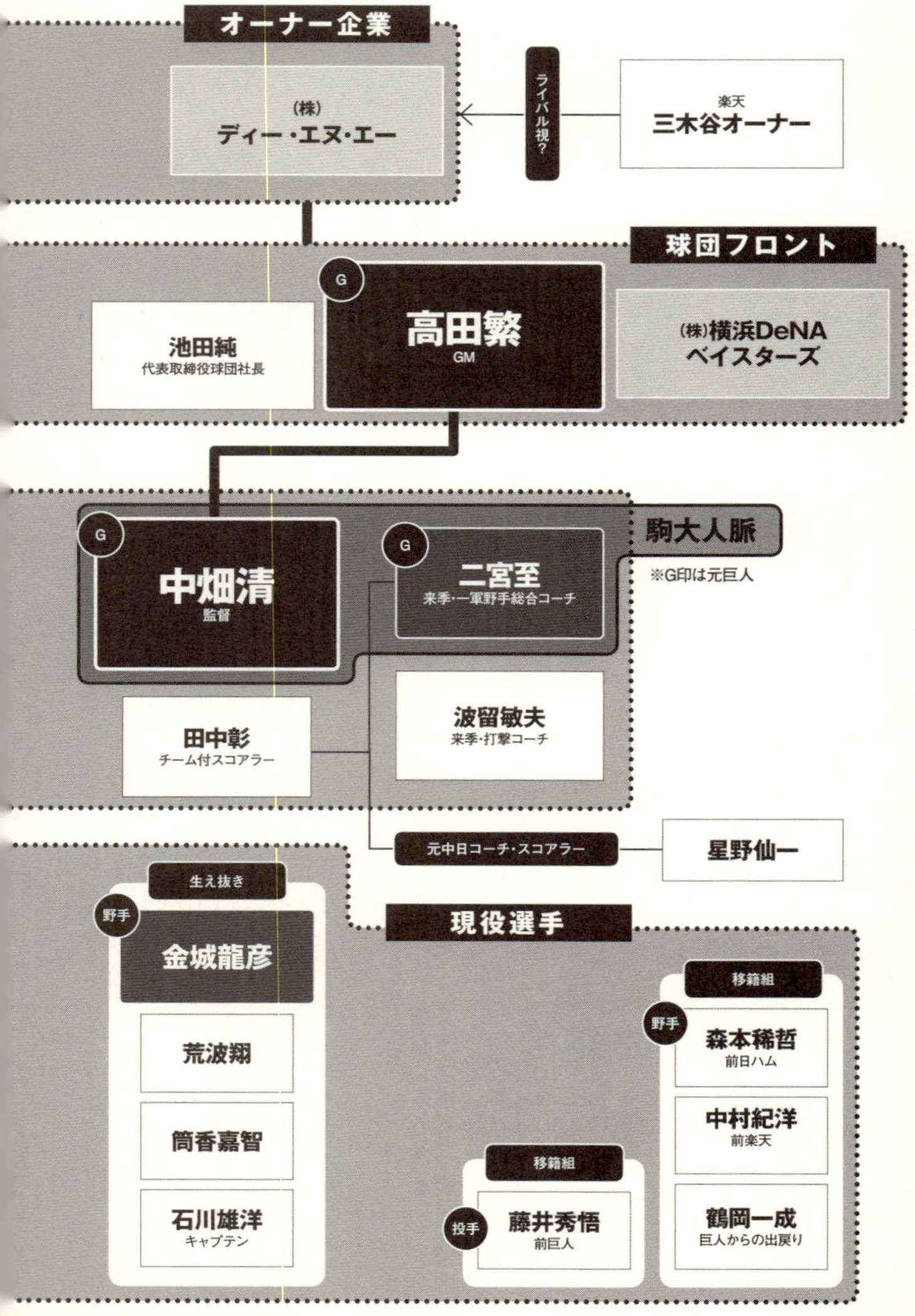
オーナー企業
(株)
ディー・エヌ・エー
ライバル視？
楽天
三木谷オーナー
球団フロント
池田純
代表取締役球団社長
G
高田繁
GM
(株)横浜DeNA
ベイスターズ
G
中畑清
監督
G
二宮至
来季・一軍野手総合コーチ
駒大人脈
※G印は元巨人
田中彰
チーム付スコアラー
波留敏夫
来季・打撃コーチ
元中日コーチ・スコアラー
星野仙一
生え抜き
野手
金城龍彦
荒波翔
筒香嘉智
石川雄洋
キャプテン
現役選手
移籍組
野手
森本稀哲
前日ハム
中村紀洋
前楽天
鶴岡一成
巨人からの出戻り
移籍組
投手
藤井秀悟
前巨人

横浜DeNAベイスターズ

春田真
取締役会長・球団オーナー

G **吉田孝司**
編成スカウト部長

有力OB

平松政次
フジ／ニッポン放送解説者

松原誠
tvk／文化放送解説者

遠藤一彦
TBS／tvk解説者

屋鋪要
元巨人コーチ

田代富雄
楽天二軍打撃コーチ

佐々木主浩
TBS解説者／日刊評論家

進藤達哉
富山サンダーバーズ監督

駒田徳広
TBS／tvk解説者

引退

監督・コーチ

高木豊
来季・一軍チーフ兼打撃コーチ

友利結
来季・ブルペンコーチ

移籍組

谷繁元信
現中日

石井琢朗
現広島(引退)

多村仁志
前ソフトバンク／
来季・DeNA復帰

村田修一
現巨人

斎藤隆
ダイヤモンドバックスからFA

MLB

生え抜き

投手 **三浦大輔**
39歳の勝ち頭

山口俊

加賀繁

高崎健太郎

国吉佑樹

宮コーチは星野中日で、立浪和義、福留孝介、関川浩一、井上一樹らを育てた実績があるね。

A　二宮コーチは、相手チームの練習をよく見ているんだ。「外野にフライが飛んだ時に、どういうふうに選手が動くか。そのカバーには、誰がどういうふうに来るか。カバーの範囲がどこまでかというのを見ておかないと、実戦で役立たない」と言っていた。

B　今季で退団したけど、白井一幸一軍コーチも駒大OBで、中畑監督の後輩。日ハムとオリックスでプレーした後、メジャーリーグでコーチ研修したり、スカウトアドバイザーを務めたりした。

C　白井コーチは、日ハムのヒルマン監督の下でヘッドも務めたよね。

B　英語も話せるし、メジャー人脈は強いね。

A　白井コーチは球団の身売り前、「ポスト尾花」含みで招へいされたんですよ。つまりはチームの再建を託される予定だったわけです。

B　そしてもうひとり、田中彰スコアラー。中日で長くスコアラーを務めた人で、星野も落合も監督時代にものすごく重宝していた。落合なんか、オメガかなんかの腕時計をプレゼントしていたほど。落合退任時に中日を辞めたんだけど、きっと二宮コーチが呼んだんだろうね。でも、この人の分析したデータは、中日だから生きていたかもしれない。横浜の選手が消化できるようになるには、ちょっと時間がかかると思う。

ディー・エヌ・エーはいつまで支えられるか？

C　ということはやっぱり、当面は補強でしのぐしかないでしょう。三浦や藤井だって、年齢を考えるといつまで勝てるかわからない。外国人投手でテコ入れして、とりあえずクライマックス・シリーズに食い込めるようにならないと、上昇気流には乗れそうもない。

B　大型の左打者も必要だよね。何しろ、横浜は広島に弱すぎる。広島の主力は右ピッチャーなんだけど、ラミレスと中村紀洋を抑えられるとぜんぜん打てない。筒香も前半戦は出ていなかったしね。それでフロントと首脳陣は本気で、松井秀喜や松坂大輔を取ろうと考えているみたいだ。

A　中畑監督は「3年計画で優勝争いのできるチームにする」と言ってたけど、球団との契約は2年ですからね（笑）。待ったなしとはこのことです。ちなみに、高田GMと吉田孝司編成スカウト部長も巨人でチームメイトでした。チーム首脳陣とフロントの風通しは悪くないでしょ。

B　まあ、横浜の場合はチームとフロントの関係よりも、親会社がどういうスタンスかが問題。球団を買った途端、本業の景気が急に悪くなってしまったからね。

C　本業のソーシャルゲーム（モバゲー）で、ドル箱だった「コンプリートガチャ」が当局に規制されたのはかなり痛い。射幸性が高く、「子どもが親に無断でン万円も使った」などの苦情が相次いだのがきっかけだった。

直近の決算では売上高11％増と影響が小さいけど、会社の成長力には確実にマイナス。毎年20億円もの赤字を垂れ流す球団を抱えてしまったことが、そのうち響いてくる可能性は高い。

B　楽天なんかは、球団参入時には約１８０億円だった親会社の売上が、８年後の11年末には約３８００億円と21倍に増えている。そのぐらいの勢いで体力が大きくならないと、新興企業が赤字体質の球団を維持するのは難しいかもしれない。

球場との不利な契約をなぜ解消できない？

A　現場の記者連中はすでに、「ディー・エヌ・エーは5年ぐらいで球団を手放すんじゃないか」って囁《ささや》きあってます。

C　もっとも、強い球団を持つことは、ゲーム会社のビジネスにもプラスではあるんだ。モバゲーでは実名のプロ野球選手が登場するゲームが大人気で、ディー・エヌ・

エーにゲームを提供している開発会社のなかには、日米のプロ野球チームとパートナーシップ契約を結んでいるところもある。

横浜がリーグ優勝に絡み、さらには日本シリーズに進出するようになったら、ディー・エヌ・エーはコンテンツ開発で有利になる。

A　しかし、それはあくまで横浜が「強くなったら」の話。

B　時間がかかるようだと、TBSと同じ問題にぶち当たるだろうね。TBSは巨人戦の中継で得る広告収入で赤字を何とかしようと思っていたんだけど、視聴率が低下して、地上波では放送できなくなってしまった。

TBSは、ホームゲームの入場料収入の25％を横浜スタジアムに支払わなければならない契約に苦しんだと言われていた。新球団はこれを13％まで引き下げているけど、むしろ競合球団のいない地方都市へフランチャイズを変えた方が、黒字化は早いと言われている。

A　そこ、いつも不思議に思うんだけど、親会社はどうして横浜スタジアムとの契約を続けてきたんだろう。違約金を払った方が、安上がりなんじゃないですか？

C　横浜スタジアムに関係する地元の顔役がネック。既得権がいろいろと絡んでいるらしいんだ。

A　チーム再生の道のりはまだまだ遠いかもね。

日本でいちばんＭＬＢ化が進んだ改革人脈の秘密

北海道日本ハムファイターズ

座談会参加者＝スポーツ紙番記者Ａ／夕刊紙デスクＢ／週刊誌記者Ｃ
構成＝常松裕明

ダルＭＬＢ移籍でも見劣りしなかった日ハム

スポーツ紙番記者Ａ　絶対的エースだったダルビッシュ有がポスティングでメジャーに去り、栗山英樹を新監督に迎えた今年の日ハムだけど、ダルビッシュの抜けた穴を考えると、今年は期待以上の結果といえるだろうね。

週刊誌記者Ｃ　戦力的にはもちろん痛かったんだけど、ダルはあまりにレベルが違いすぎて別格視されていたし、チーム内での精神的なショックは少なかったからね。ダルが投げると人が変わったように打っていた中田翔の元気がなくなる程度で済んだ（笑）。打線は昨季とほとんど変わってないし、投手陣も磐石のブルペン陣が健在。８月末の西武戦で、野手陣のまとめ役だったキャプテン・田中賢介が左腕骨折、靭帯断裂の大怪我で離脱してしまったけど、これがかえってチームを結束させるというまさに怪我の功名もあった。

A　ただ、栗山監督の評価はほとんど最低レベルだ。帳尻が合ったからあまり目立たないけど、序盤は絶不調だった2番・小谷野、4番・中田翔という打順を頑《かたく》なに守り続けるなど、首をかしげるような采配が目についた。ベンチでも「どうしようか」「とにかく頑張ろう」というレベルのことしか言えなかったそうで、開幕前には他チームから「今年の日ハムは監督が素人だから楽だぞ」なんて声も聞こえてきたくらいだ。

夕刊紙デスクB　開幕投手として斎藤佑樹を指名した一件も、下手をすればチームの信頼をいっきに失いかねない暴走だった。観客動員のため、人気の高い斎藤を是が非でもスターに育てたいというフロントの意向が強く働いたとも言われてるけど、さすがにこれはやり過ぎ。幸い、開幕直後は白星が付いたうえ、選手たちのほうがよほど大人で、栗山監督は斎藤の開幕投手を決めた後、本来なら開幕投手になるべきエースの武田勝に謝ったんだけど、武田は「僕もいい大人だからわかっています。謝らないでください」とクールに返したらし

スローガン
「9＋(ナインプラス)」

本拠地球場	札幌ドーム
2011年成績	2位　72勝65敗7分
	勝率.526
	打率.251③　本塁打86③
	防御率2.68②
2012年成績	1位　74勝59敗11分
	勝率.556
	打率.256①　本塁打90①
	防御率2.89②

い（笑）。

素人監督を支えた陰の頭脳＝福良ヘッド

C　確かに選手を育てるには、ある程度我慢して使い続けることは必要だけど、そのためには最低限の実力がないと。斎藤はプライベートでもフリーアナウンサー・小林麻耶との伊勢神宮デートなんてスキャンダルを起こしていたけど、日ハムはダル、中田翔と、札付きのヤンチャ坊主を更生させた実績はあるのに、イマドキの若者らしくつかみどころのない斎藤には手を焼いているようだ。

A　ただ、斎藤自身にとっても栗山監督の特別扱いはキツかったはずだ。開幕から対戦チームのエースと投げ合う表ローテになるわけで、相手打線からも厳しくマークされる。オマケに結果が出ないことでチーム内からも浮いてしまい、肩身の狭い思いをしていたからね。オールスター後に二軍落ちしてからは社会人チームにまでメッタ打ちにされていたけど、本人は憑き物が落ちたように明るい表情で「自分がヘタクソだった」なんて話していたよ。まあ、「一軍では球が遅過ぎて打たれなかっただけ。二軍ではちょうど打ち頃だよ」なんて言われてるくらいだから、再起にはまだ時間がかかりそうだけど。

C　それでも優勝できたのは、戦力の低下を最低限に抑えたフロントと優秀なコーチ陣のおかげでもある。特に実質的に作戦を決めていた福良淳一ヘッドコーチの存在はチームにとって大きかった。福良ヘッドは05年に日ハムに来て以来、ヒルマン・梨田監督時代を通じて日ハムの躍進を支えてきた陰の頭脳といえる存在だ。その下で投手コーチの吉井理人と芝草宇宙、打撃コーチで将来の監督候補でもある田中幸雄と、こちらも生え抜きの渡辺浩司がそれぞれ投手・野手陣をしっかりまとめていたしね。

B　ところがシーズン終了後に、作戦面を支えた福良ヘッドと吉井・芝草両投手コーチの退団が決定している。吉井コーチは斎藤の起用法や、日本シリーズでの報復四球をめぐる野球観の違いなどで栗山監督と対立していたようだけど、福良ヘッドまで球団を去るとは驚いた。

A　球団は新たに栗山監督の右腕になるような人材を招へいするそうだけど、うまく機能するかどうかは未知数。いずれにせよ、必要以上に余計なことはせず、フロントの意向に従順な栗山監督というチョイスは、日ハムにはピッタリだったわけだ（笑）。

栗山監督になぜ白羽の矢が立ったのか？

C　それにしても、北海道に移転してからの日ハムフロントの動きは本当に読みづら

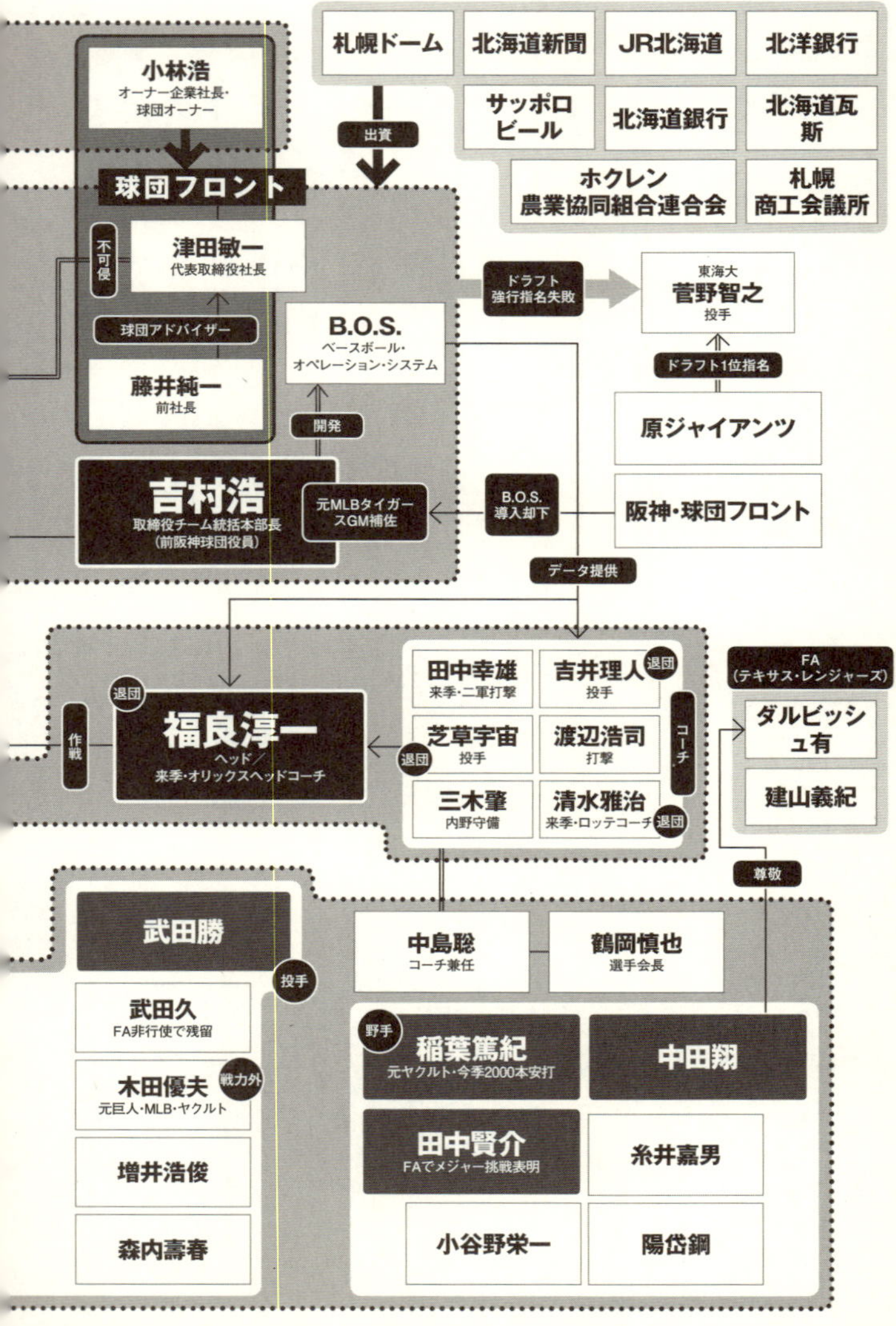
札幌ドーム
北海道新聞
JR北海道
北洋銀行
サッポロビール
北海道銀行
北海道瓦斯
ホクレン農業協同組合連合会
札幌商工会議所
出資
小林浩
オーナー企業社長・球団オーナー
球団フロント
不可侵
津田敏一
代表取締役社長
球団アドバイザー
藤井純一
前社長
B.O.S.
ベースボール・オペレーション・システム
開発
吉村浩
取締役チーム統括本部長
（前阪神球団役員）
元MLBタイガースGM補佐
ドラフト強行指名失敗
東海大
菅野智之
投手
ドラフト1位指名
原ジャイアンツ
B.O.S.導入却下
阪神・球団フロント
データ提供
退団
福良淳一
ヘッド／来季・オリックスヘッドコーチ
作戦
田中幸雄
来季・二軍打撃
吉井理人
投手
退団
芝草宇宙
投手
退団
渡辺浩司
打撃
コーチ
三木肇
内野守備
清水雅治
来季・ロッテコーチ
退団
FA
（テキサス・レンジャーズ）
ダルビッシュ有
建山義紀
尊敬
武田勝
投手
武田久
FA非行使で残留
木田優夫
戦力外
元巨人・MLB・ヤクルト
増井浩俊
森内壽春
中島聡
コーチ兼任
鶴岡慎也
選手会長
野手
稲葉篤紀
元ヤクルト・今季2000本安打
中田翔
田中賢介
FAでメジャー挑戦表明
糸井嘉男
小谷野栄一
陽岱鋼

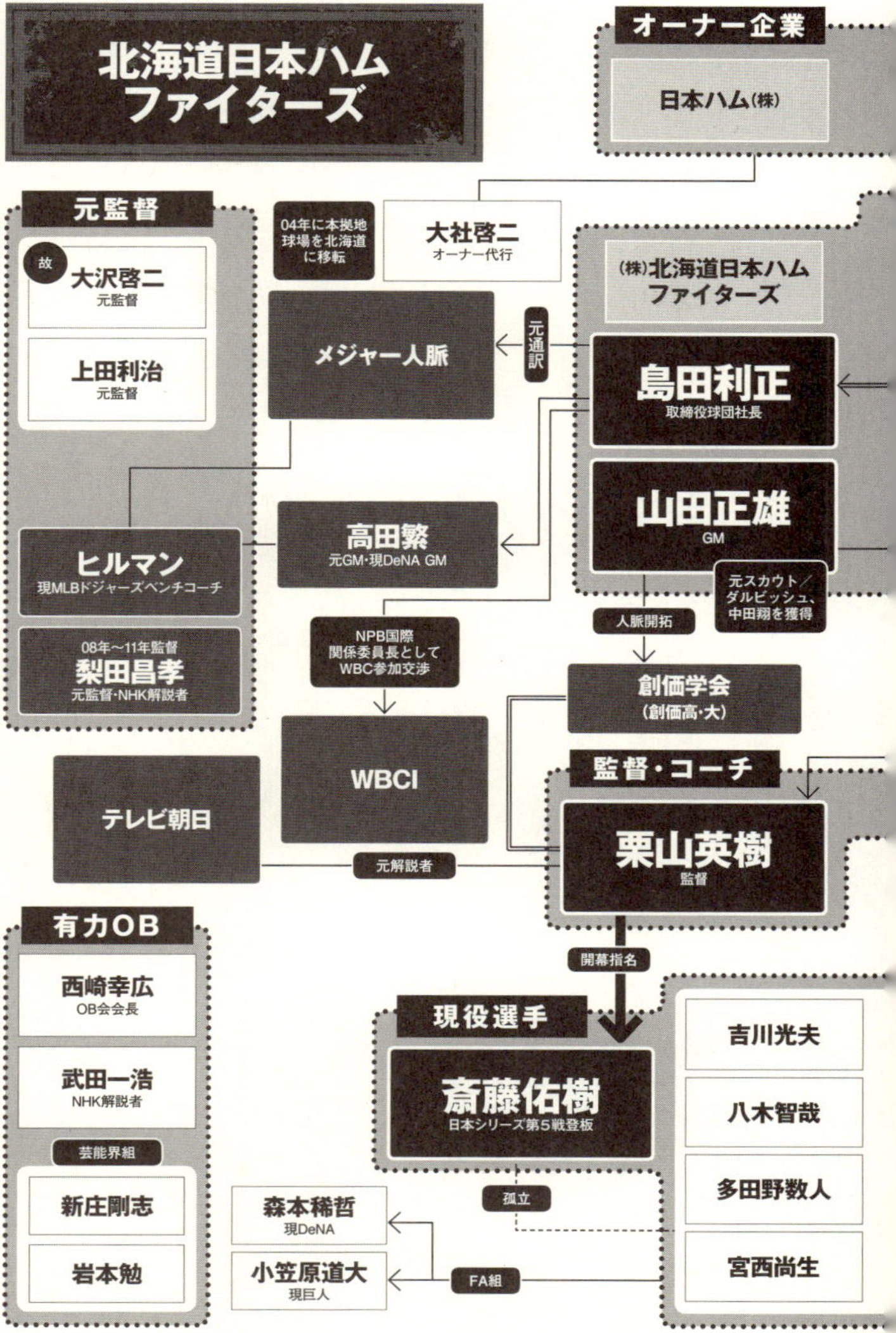
北海道日本ハムファイターズ
オーナー企業
日本ハム(株)
大社啓二
オーナー代行
04年に本拠地球場を北海道に移転
元監督
故
大沢啓二
元監督
上田利治
元監督
(株)北海道日本ハムファイターズ
メジャー人脈
元通訳
島田利正
取締役球団社長
山田正雄
GM
元スカウト／ダルビッシュ、中田翔を獲得
人脈開拓
高田繁
元GM・現DeNA GM
ヒルマン
現MLBドジャーズベンチコーチ
08年～11年監督
梨田昌孝
元監督・NHK解説者
NPB国際関係委員長としてWBC参加交渉
WBCI
創価学会
(創価高・大)
監督・コーチ
栗山英樹
監督
テレビ朝日
元解説者
開幕指名
有力OB
西崎幸広
OB会会長
武田一浩
NHK解説者
芸能界組
新庄剛志
岩本勉
現役選手
斎藤佑樹
日本シリーズ第5戦登板
吉川光夫
八木智哉
多田野数人
宮西尚生
孤立
森本稀哲
現DeNA
小笠原道大
現巨人
FA組

い。そもそも新監督として、なぜ栗山監督だったのか。ヤクルトでの現役時代は決してスタープレイヤーというタイプではなかったし、引退後もテレビ朝日の評論家に収まっていてコーチ経験もゼロ。人脈・派閥がモノを言う球界では、この人選は異質だろう。

B　一説には〝創価ルート〟が決め手になったとも言われている。栗山は以前、ヤクルトの監督候補としても名前が挙がったことがあって、この時ネックになったのが〝創価出身〟という点だった。ところが日ハムは〝親創価〟として知られていて、主力の小谷野栄一内野手、八木智哉投手など創価高校出身者が多い。これは現GMの山田正雄がスカウトだった時代に創価高校、創価大学と太いパイプを作ったからなんだけど、今回もこの人脈が動いたんじゃないか？

A　ただ、あるフロント関係者によれば、「ウチは野球人・栗山ではなく、タレント・栗山を選択したんだ」とも言っていた。親会社が食品企業の日本ハムということで「清潔で若々しいイメージで、かつ主婦層に人気のある人を」という条件があって、それにピッタリとハマったのが栗山だったらしい。解説者時代から、腰の低さと爽《さわ》やかな笑顔はお茶の間に浸透していたしね。

B　球団の考え方は来シーズンの組閣を見ても明らかで、福良ヘッド、吉井コーチを切ってまで、栗山監督を選んだということだからね。

C　そういえば、前任の梨田監督が不可解な経緯で退任した理由も、親会社の意向が働いた結果と言われている。梨田監督は在任4年間の成績も悪くなかったし、地元での人気もあった。にもかかわらずシーズン終了を待たず早々と退任を表明。結局、このシーズンは2位になってしまうんだけど、発表時はまだソフトバンクと熾烈な優勝争いを繰り広げていた時期だったからね。そんなタイミングでの退任発表なんて普通ならありえないことだよ。

A　日ハム側の事情としては、球団に特定の人間の色がつかないように、成績いかんにかかわらず定期的に監督を変えたいという方針がある。ただ、あの急な退任劇の理由は他にあって、一部では梨田の身体検査をしたところ、プライベートの交友関係が引っかかったせいらしい。具体的には、あの吉本興業のお家騒動で創業者家側に立って吉本を攻めた元アングラ勢力の人間と親しく付き合っていたそうで、ちょうど島田紳助の引退が世間を騒がせていたという状況もあって、慌てて縁を切ったともっぱらだ。

B　日ハムは02年に発覚した牛肉偽装事件によって、大社オーナー（当時）が本社社長から専務に降格するなんて不祥事もあったから、コンプライアンス（法令遵守）には敏感になっているんだろう。

C　もっとも、一方の梨田側にも「翌シーズンに契約が切れるオリックス岡田彰布監督の後釜を狙っていた」とか、「阪神・真弓監督解任の動きの中で梨田に内々の打診があり、梨田がこれを受けたという情報が日ハムフロントに伝わり、関係に亀裂が入った」なんて情報も飛び交っていた。真相は藪《やぶ》の中だけどね。

日ハムを一流球団に育てたフロント改革の秘密

C　日ハムは北海道移転を契機に、フロント主導で大きなチーム改革を行なってきた。日本にメジャー式の球団経営を持ち込んで成功した初めてのケースだろう。

A　04年の移転から今年で9年目になる。うちリーグ優勝が3回で、Ａクラスを外したのは05年、10年の2回だけ。それ以前は中位をウロウロする中堅チームに過ぎなかったわけで、少なくともグラウンド内の結果で見れば移転は大正解だった。

B　当時は観客数が落ち込み、東京ドームを使っていた関係から、球場使用料が経営を圧迫するという事情もあった。それで札幌ドームを本拠地にする決断をしたんだけど、まず大きく変わったのが親会社との関係で、日ハムは移転を機に、地元・北海道のメディアや銀行といった主要企業に26％の株を持ってもらい、共同で球団運営会社を設立している。球団の運営はこれまで通り日ハムが行なうんだけど、実質的には複数のオーナー企業がいて、日ハムはその中のメインスポンサーのような存在になっているんだ。

A　もともと北海道は巨人の人気が高い土地柄だけに、新生日ハムはファン開拓のために地域密着を打ち出し、アメリカのマネジメント会社ＳＭＥ社と共同でＣＩも導入している。移転の目玉として獲得した新庄や売り出し中だった森本のパフォーマンスが話題になったけど、実はグラウンド外でも球団の営業が、地元の店を１軒ずつ回って招待券を配るなど地道な営業活動をしていたね。

C　こうしたフロントの仕事を取り仕切ってきたのが、移転当時の球団戦略室長で、現在は取締役球団代表になっている島田利正。もともとは〝親分〟と慕われた大沢啓二監督時代に通訳を務めていた人で、当時、日ハムが業務提携を結んでいたヤンキースに留学して、メジャー流の球団経営を学んでいる。この時の人脈が、ヤンキースのファームで監督をしていたヒルマンの監督招へいにつながった。

B　その島田さんが05年に高田繁をＧＭに招へいして二人三脚で作った体制は、日本で最初のＧＭ制度の成功例だろう。高田は日ハムでも監督をやっていたし、明大人脈を持っているから球界にも顔が広い。まさにＧＭとしては適役だった。実際、当時のドラフトで入ったダルビッシュ、ＭＩＣＨＥＡＬ、武田勝、八木智哉、陽岱鋼やＦＡで獲得した稲葉篤紀のその後の活躍を見れば、いかに効果的な編成をしてきたかがよくわかるよ。

メジャー式の情報管理システム「ＢＯＳ」の威力

C　ただ、この成功は高田元ＧＭの手腕だけが要因じゃない。それ以上に大きかったのが、島田が中心になって導入していた通称「ＢＯＳ」と呼ばれる「ベースボール・オペレーション・システム」だろう。これは選手の身体能力、技術、性格までを細かく数値化するシステムで、先発や中継ぎといった選手の配置からドラフト戦略まで、さまざまな場面で活用できるもの。予算が限られる日ハムが効果的にチームを編成するために絶大な効果を発揮した。

B　昨年のドラフトで、巨人と相思相愛だった東海大の菅野智之を強行指名したのも、ＢＯＳでの菅野の数値があまりに飛び抜けて高かったため、リスクを承知でチャレンジした結果だそうだ。

A　しかもＢＯＳのデータは編成だけじゃなく、実戦にも応用できるからね。このデータを使いこなせる福良ヘッドのような人材がいれば、監督はある意味、お飾りでもいいんだけど、それだけに来シーズンは心配だ。

B　ＢＯＳを実際に作ったのはチーム統括本部長の吉村浩。もともとは『日刊スポーツ』の記者で、転職したパ・リーグ事務局の仕事を通じてツテを得たデトロイト・タイガースで3年間にわたって球団経営に携わり、GM補佐まで務めたという面白い経歴の持ち主だ。ここでメジャー式の情報管理システムの基礎を身に着けて帰国し、当時、阪神の監督だった星野仙一に声をかけられてフロント入りしている。ただ、阪神のフロント陣は吉村が提案するBOSの有用性を理解することができず、却下されてしまったらしい。その後、吉村は04年オフに声のかかった日ハムに移り、フロント陣を説得してBOSを開発したそうだ。

A　近年の日ハムの躍進はBOSによるところが大きい。実際、高田元GMが07年オフにチームを去ってからも、GM制度はチーム統括本部に引き継がれていて、この統括本部がBOSを運用しながら相変わらず上手いやりくりを見せている。現在は島田代表、山田GM、吉村統括本部長のトロイカ体制がチーム編成人事のすべてを取り仕切っているね。

C　今年になって本社会長の小林浩がオーナーに就任しているんだけど、現場への影響力は昔に比べて格段に低下した。実はここが重要なポイントで、今の日ハムでは、小林オーナーも津田敏一球団社長も経営面に専念し、基本的に統括本部の決定には口を出さないという不文律ができあがっているんだ。

A　昨年の菅野、今年の大谷と、連続して攻めのドラフト戦略を採っているのもこうした体制があるからできるんだろうね。そういえば、斎藤佑樹を指名した年のドラフトでも、当初の予定では早大の大石達也投手か八戸大の塩見投手を指名する予定で、オーナーにも伝えてあったらしい。ところがドラフト直前に斎藤の指名に変更し、それをオーナーに報告したところ、「逃げるのか！」と激怒されたんだけど、最終的には統括本部の主張通り、斎藤を指名していたからね。

C 相変わらず野球を知らないオーナーが政治力や人脈を駆使して編成に口を出すような球団が多いなかで、日ハムは、日本で最も進化した球団経営を成功させていると言えるだろうね。

旧・堤オーナーの呪縛から逃れて球団クリーン化に邁進

埼玉西武ライオンズ

座談会参加者＝スポーツ紙番記者A／夕刊紙デスクB／週刊誌記者C

構成＝常松裕明

爆弾を見事に処理した渡辺監督の才覚

スポーツ紙番記者A　今年の西武はスタートダッシュに大失敗。それでも交流戦あたりからジワジワと追い上げるといつの間にか優勝争いに加わり、日本ハムと激しい優勝争いを繰り広げてみせた。渡辺久信監督の手腕が改めて評価されたシーズンだったと言えるだろうね。

夕刊紙デスクB　しかも西武は開幕前から内部に2つの〝爆弾〟を抱えた状態だったからね。ひとつは昨オフにポスティングでのメジャー挑戦を表明した不動のレギュラー・中島裕之の処遇で、結局、メジャーでの引き取り手が見つからずに出戻ってきたわけだけど、中島がメジャー挑戦を表明した際、渡辺監督は「出ても結構」と冷たく言い放った関係だった（笑）。

週刊誌記者C　さらに言えば、今オフに中島が改めてFAでメジャーに行くことは既定路線のため、フロントは後釜候補の浅村栄斗を併用して育てながら使うように要請していたらしい。ところが渡辺監督は、そんな気まずい状況をおくびにも出さず、中島を気持ちよく働かせてみせた。

A　中島本人も、さすがにキャンプ序盤には居心地悪そうにしていたけど、すぐに昨年同様、大きな顔で振る舞っていたよ。もともと選手間では慕われていたし、本人も細かいことは気にしない天然系の性格なのが幸いした。結果、シーズン序盤に主砲・中村剛也が怪我で離脱すると4番に座って首位打者争いをする大活躍。最後まで打線を引っぱった。

C　ただ、もうひとつの火種は簡単に解決できる問題じゃなかった。開幕でつまずいた最大の原因は、なんといってもエース・涌井秀章の大不調なんだけど、涌井は昨年から〝西武の時限爆弾〟と呼ばれていたからね。

A　フロントとは契約更改をめぐって毎年のようにモメていたし、プライベートでもブラック人脈につながる人物との交際が問題視されていた。球団の中には涌井を毛嫌いする幹部もいて、昨年も極秘で巨人とのトレードを画策したなんて情報も流れていた。さらに今シーズンも写真誌にホステスとの火遊びベッド写真が報じられ、「品格を欠いた」という理由で登録抹消。自分で蒔《ま》いた種とはいえ、これではモチベーションを保つことは難しかったはずだ。

B　ところが渡辺監督は、交流戦から一軍に復帰した涌井を先発から抑えに配置転換して、見事に再生してみせた。中島にしても涌井にしても、好き嫌いは別にして、戦力としてキッチリと使いこなした渡辺監督は、さすがのひと言だ。

渡辺監督を慕う西武出身のコーチが手腕発揮

C　問題を抱えながらも、ここまで闘えたのはコーチ陣もまとまっていたからに他ならない。現在の西武はコーチ人事をフロント主導でやっているんだけど、渡辺監督を慕う光山英和バッテリーコーチを筆頭に、気心の知れた腹心として石井貴投手コーチや仲田秀司バッテリー補佐が監督を支え、他のコーチも大半が西武出身ということもあって、コミュニケーションはスムーズだった。

A　唯一、土井正博ヘッドコーチとの関係だけは微妙だったけどね（笑）。土井ヘッドは、コーチとしては出戻りで、今

スローガン
「出しきれ！　ライオンズ」

本拠地球場	西武ドーム
2011年成績	3位　68勝67敗9分
	勝率.5037
	打率.253②　本塁打103①
	防御率3.15④
2012年成績	2位　72勝63敗9分
	勝率.533
	打率.251⑤　本塁打78②
	防御率3.24⑤

年になって舞い戻ってきた。呼び戻したのは前田康介前球団本部長なんだけど、その張本人は昨オフにチームを離れてしまっている。フロントの後ろ盾がなくなったうえ、渡辺監督よりかなり年上ということもあって、後半戦はベンチでの会話もほとんどなかったし、案の定、退団が決まっている。来季は腹心の光山が作戦コーチも兼任するみたいだね。

B ちなみにその前田前本部長は、涌井が越年した10年オフの契約更改で「本来なら年俸はダウン」と言い放ち、球団への不信感を植え付けた張本人でもある。この人がいなくなったことで、涌井の去就にも影響が出そうだ。

C それはともかく、今季は選手間の関係も比較的良好だった。投手陣は親分格の石井一久が、野手陣では選手会長の栗山巧がそれぞれリーダーシップを発揮していたね。選手全員が、骨折した栗山の背番号1を身に着けて闘っていたくらいチームはまとまっていた。

A 若手でも伸び悩んでいた菊池雄星や野上亮磨がなんとか形になってきたし、十亀剣も台頭。誤算は昨年のドラ1投手・大石達也の不振だろう。シーズン中には大石の育成方法をめぐって渡辺監督と二軍コーチの間で亀裂が生まれているなんて話も聞こえてきた。

C それでも、今年は渡辺監督の手腕とフロントの方針が、うまくかみ合ったシーズンだったと言えるだろうね。

親会社の連続不祥事を経て堤家の呪縛から逃れた西武

B　渡辺監督が就任したのは08年シーズンからなんだけど、実はこの年を境に球団の体質は大きく変わっている。と言っても、変革は意識的なものじゃなくて、なかば仕方なく。この年までの西武はとにかく親会社が大揺れに揺れていたからね。

C　かつてのライオンズは、グループの総帥・堤義明オーナーが君臨し、その下で〝球界の寝業師〟と呼ばれた裏工作のエキスパート・根本陸夫さんが管理部長として辣腕《らつわん》を振るって、黄金時代を作り上げた。根本さんがダイエーに去ってからも、基本的にはこの路線が継承されてきた。

B　象徴的だったのが2000年に発覚した松坂大輔のスキャンダル。当時、交際していた日テレ女子アナのマンションにお泊まりした松坂の駐車違反を、球団広報だった黒岩彰が身代わりで出頭した一件だ。たかが駐車違反ではあったけど、スター選手を守るためにここまでするのか、と世間が呆れた事件だった。その後、黒岩は04年オフに球団代表に抜擢されるんだけど、この頃から完全に堤オーナーの命令で動いていたからね。

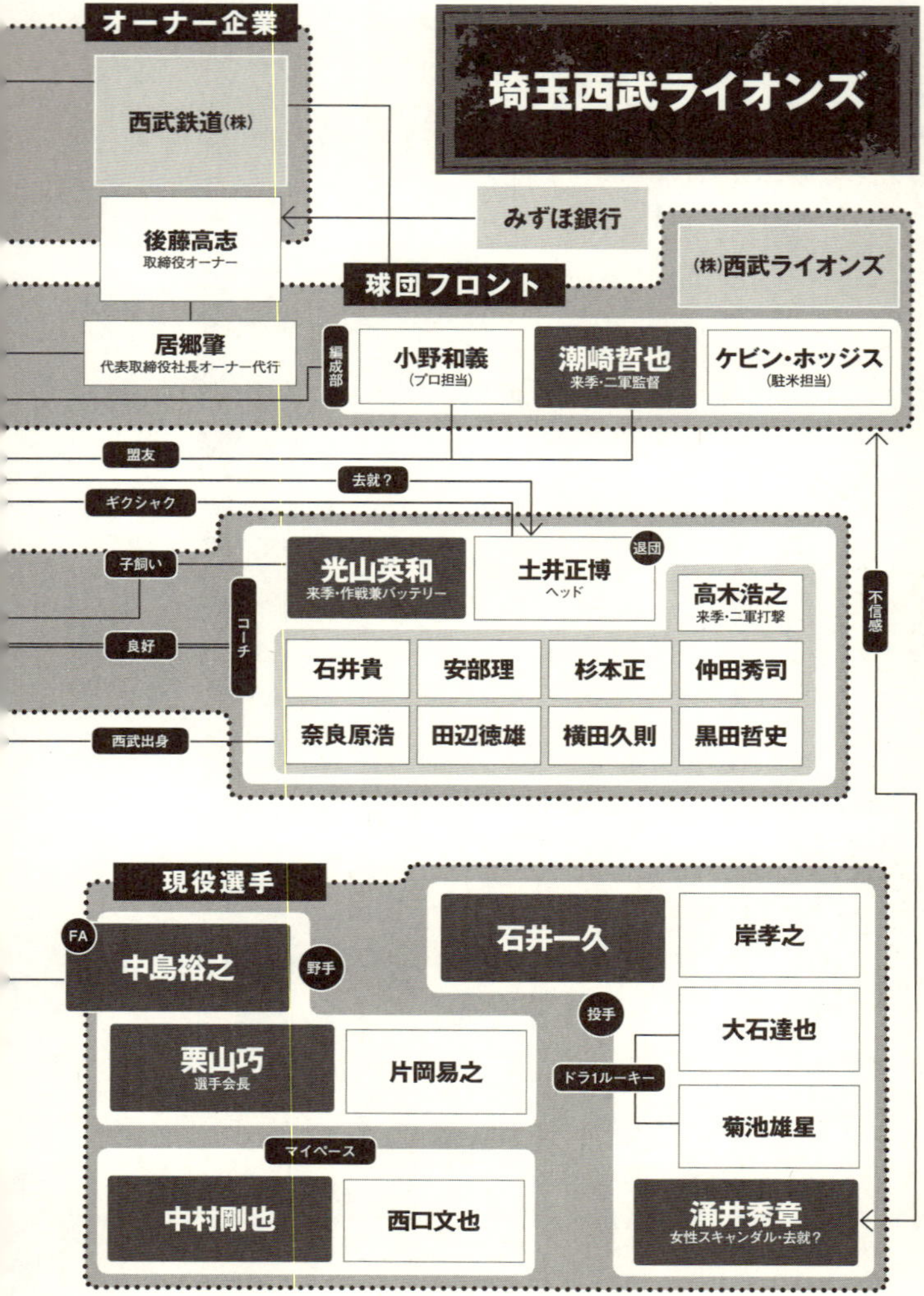
埼玉西武ライオンズ
オーナー企業
西武鉄道(株)
後藤高志
取締役オーナー
居郷肇
代表取締役社長オーナー代行
みずほ銀行
(株)西武ライオンズ
球団フロント
編成部
小野和義
(プロ担当)
潮崎哲也
来季・二軍監督
ケビン・ホッジス
(駐米担当)
盟友
去就？
ギクシャク
子飼い
良好
西武出身
不信感
コーチ
光山英和
来季・作戦兼バッテリー
土井正博
ヘッド
退団
高木浩之
来季・二軍打撃
石井貴
安部理
杉本正
仲田秀司
奈良原浩
田辺徳雄
横田久則
黒田哲史
現役選手
FA
中島裕之
野手
栗山巧
選手会長
片岡易之
マイペース
中村剛也
西口文也
石井一久
岸孝之
投手
大石達也
ドラ1ルーキー
菊池雄星
涌井秀章
女性スキャンダル・去就？

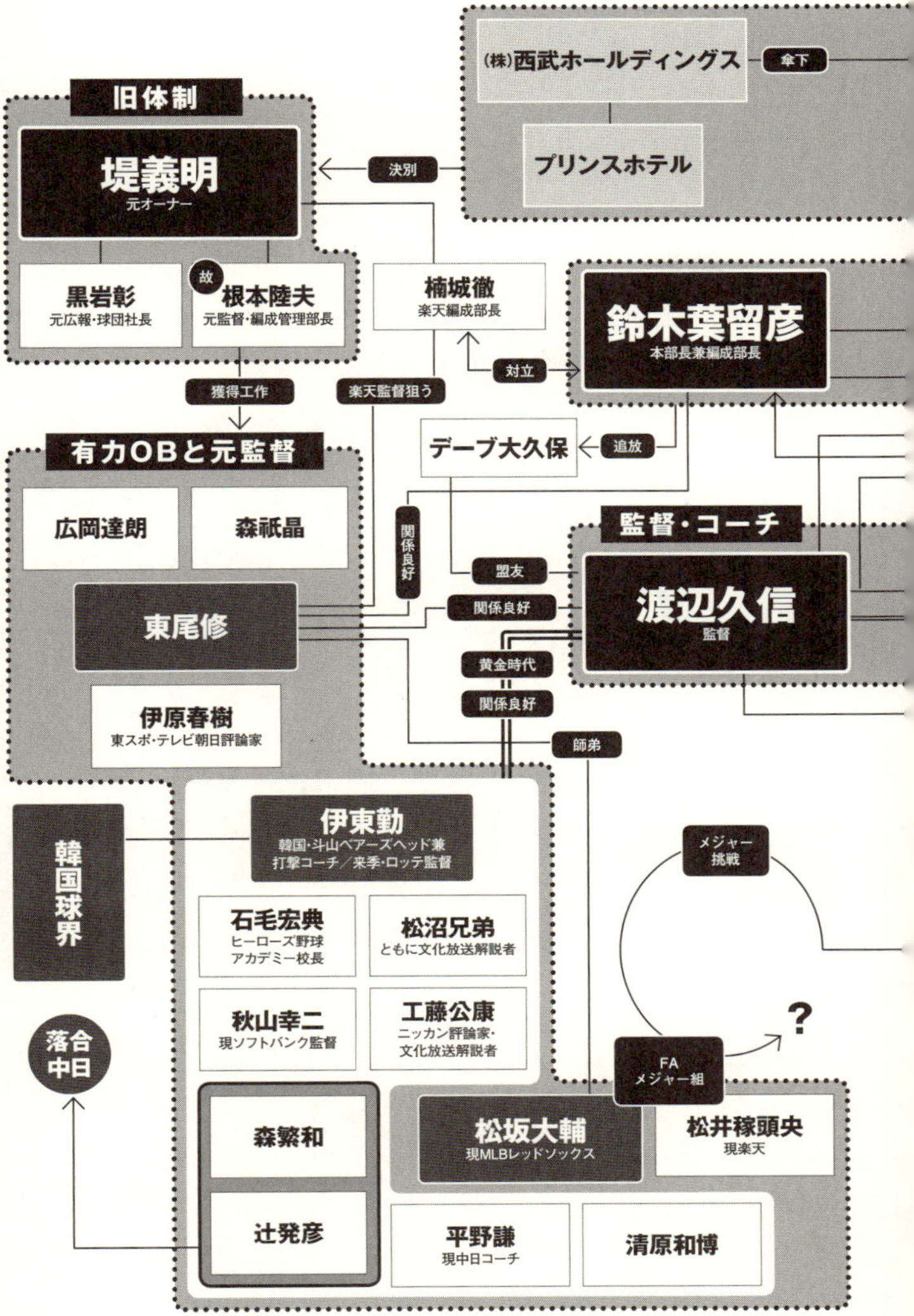

(株)西武ホールディングス
傘下
プリンスホテル
旧体制
堤義明
元オーナー
決別
黒岩彰
元広報・球団社長
故
根本陸夫
元監督・編成管理部長
楠城徹
楽天編成部長
鈴木葉留彦
本部長兼編成部長
対立
獲得工作
楽天監督狙う
デーブ大久保
追放
有力OBと元監督
広岡達朗
森祇晶
東尾修
伊原春樹
東スポ・テレビ朝日評論家
関係良好
盟友
監督・コーチ
渡辺久信
監督
関係良好
黄金時代
関係良好
師弟
韓国球界
伊東勤
韓国・斗山ベアーズヘッド兼
打撃コーチ／来季・ロッテ監督
石毛宏典
ヒーローズ野球
アカデミー校長
松沼兄弟
ともに文化放送解説者
秋山幸二
現ソフトバンク監督
工藤公康
ニッカン評論家・
文化放送解説者
落合
中日
メジャー
挑戦
?
FA
メジャー組
森繁和
辻発彦
松坂大輔
現MLBレッドソックス
松井稼頭央
現楽天
平野謙
現中日コーチ
清原和博

A　そのいびつな体制が崩壊したのが、04年から始まった一連のスキャンダルだ。まず、ライオンズの親会社である西武鉄道が総会屋に利益供与をしていたことが発覚。続いて有価証券報告書の虚偽記載も発覚し、堤はライオンズのオーナーを含むすべての役職を辞任している。しかも西武鉄道はこの事件で上場廃止に追い込まれ、翌年には堤オーナーが逮捕されるという事態となった。

C　ただ、ライオンズに関しては依然として堤の影響下にあった。06年、堤に代わってオーナー代行兼球団社長に就任したのが堤の一族会社・コクドの財務部長だった太田秀和、球団代表が黒岩という体制だったからね。

B　ところが07年3月、今度はアマチュア選手に対する裏金問題が発覚して太田が副社長に降格。みずほ銀行から乗り込み、西武グループ再建に取り組んでいた後藤高志がオーナーに就任した。この年には、西武ドームや二軍の命名権を契約したグッドウィルが違法派遣で営業停止命令を受け、契約が打ち切りになるという失態もあったんだけど、ともかく、ライオンズはこれでようやく堤の呪縛から解放されることになったわけだ。

裏金問題でフロントが繰り広げた泥仕合

A　実はこの裏金問題では、フロント内でも激しい暗闘が起きていた。堤オーナーからのトップダウンで裏金の指令を下していた当時のフロント上層部や伊東勤監督が結託して、責任をフロントの現場に押し付けて逃げ切ろうと画策したんだ。後藤オーナーや太田副社長も当時の詳しい状況は知らなかったからね。

B　そのスケープゴートにされそうになったのが、現在の球団本部長兼編成部長・鈴木葉留彦だった。鈴木は選手時代から西武一筋で、引退後はコーチや二軍監督を経てフロント入りした人物。発覚当時はスカウト部長という、まさに問題の部署の担当者だった。

C　ただし裏金が判明したのは05年までの事例で、その頃のスカウト部を仕切っていたのは04年まで編成部長を務めていた楠城徹。事件が発覚した時には西武から楽天の編成部に移っていて、ここでも責任問題が浮上していたはずだけど、降格、減俸だけで生き延び、今も編成部長をやっている。そういえば楽天でも自分の息子をドラフト指名させ、当時の野村克也監督を激怒させる騒ぎも起こしていた。

A　とにかく、鈴木たちにしてみれば、「お前らがやってたことの責任を押し付けられちゃかなわない」ということで、現場をまとめて反旗を翻《ひるがえ》し、オフには伊東監督の更迭に成功した。鈴木自身も一応は責任を取ってスカウト部長を辞任しているんだけど、すぐ、スカウト部と編成部が統合した編成部の部長に返り咲いている。この一件で伊東勤監督は完全に西武から縁を切られてしまい、後任として起用されたのが、二軍の監督をやっていた渡辺久信だった。

C　この年を境にライオンズは生まれ変わったというわけだ。実際、07年オフには松坂大輔が60億円という破格の金額でメジャーに移籍しているけど、フロントが移籍を許したのも、球団の赤字経営を改善するためにはどうしても資金が必要だったから。なにしろ西武鉄道やコクドを再編した西武ホールディングスは、一時期は1兆円を超える負債を抱えていて、親会社としてライオンズの赤字を補填する余裕はなかったからね。

B　その意味では今年、メジャーに中島を売りそびれたのも痛かった。来年はＦＡだから金は入らないもの（笑）。

親会社の再上場を意識してＯＢ人脈を整理

A　08年シーズンからは、名称も「埼玉西武ライオンズ」に変更し、新生西武グループのシンボルとして再出発したわけだけど、その分、現場にもさまざまな制約ができている。まず、以前のように潤沢な資金は使えないし、監督やコーチ、選手にはとにかくクリーンなイメージが求められるようになった。

C　来年には電鉄株を再上場する調整に入っているとも言われているし、とにかく以前のような不祥事はご法度だ。それだけに昨年から、話題になっている涌井のスキャンダルは悩みの種になっている。女性問題はともかく、ブラック人脈との関係は、このご時勢には致命傷になりかねないからね。

A　そういえば、渡辺監督の盟友で打撃コーチをやっていた〝デーブ〟こと大久保博元元打撃コーチが解雇されたのも、こうした親会社の方針と無関係じゃない。マスコミでは菊池雄星を殴ったことばかりが取り上げられていたけど、球団が本当に問題視していたのは、その前に起こしていた知人女性への暴力事件のほうなんだ。大久保は傷害罪で送検され、罰金刑になっている。

B　しかもこの事件では、大久保が自軍の投手の登板日を知人に漏洩していたんじゃないかという疑惑も囁《ささや》かれていて、翌年のデーブは1年間のフロント勤務を命じられるハメになった。球団にしてみれば、疑惑が事実であろうとなかろうと、こうしたスキャンダルが報じられることじたい、我慢ならないことだったらしい。結局、この疑惑はウヤムヤになり、現場の渡辺監督も手放したがらなかったため、翌年には一軍コーチに戻っているんだけど、こうした伏線があったため、フロントはずっとデーブのクビを切る機会をうかがっていた。雄星への暴力事件は単なる口実だったって話だよ。

東尾元監督の院政？　将来は工藤か石井か潮崎か

A　その意味では、球団復帰の目がない有力OBは他にもいる。黄金時代を支えた西武のメンバーは指導者としても人気が高いんだけど、不思議と西武には残っていない。中日時代の落合監督の下で、ヘッドコーチとして能力を発揮した森繁和も黒い噂が絶えないし、プリンスホテルから西武に入団し、「ミスターレオ」と呼ばれた石毛宏典もアウト。本来なら幹部候補だった石毛は、引退時に森祇晶監督の後任を打診されたこともあったんだけど、その後のオリックス監督時代の失態に加え、関西独立リーグの運営失敗などもあって、現時点では難しいようだ。

B　あるフロント幹部は「伊東（勤）が有能なことはわかっているんだけど、アイツはとにかくギャンブルが好きだから、今のウチでは無理だな」と漏らしていたし、黄金時代を築いた森元監督にいたっては「暗くてイメージが悪いから」という理由で却下されているらしい。この2人は堤オーナー時代のイメージが強すぎることもネックになっているようだ。

C　その点では東尾修元監督も同じなんだけど、不思議と影響力を残している。親分肌なだけにコーチやフロントには選手・監督時代に面倒を見た人間が大勢いるからね。

渡辺監督が引退後に台湾球界などで指導者の経験を積んだのも、東尾の勧めがあったからだし、鈴木本部長は東尾監督の下でコーチをやっていたという関係だ。自分がやることはないにしても、今後も院政のような形でチームにかかわることはありそうだ。

A　ただ、このへんの大物OBは、いかんせん年齢が高い。来季は渡辺続投が決まったけど、成績にかかわらず渡辺政権はあと1年と見られている。親会社の再上場が実現すれば、それに合わせて監督交代もあるだろうから、後任争いも激しくなりそうだ。

B　となれば、渡辺監督と仲のいい工藤公康や、石井貴コーチ、編成部にいる潮崎哲也あたりが候補になりそうだ。そういえば球団は、来シーズンは潮崎を二軍監督に戻すんだけど、案外このあたりが本命かもしれないね。

地元エリアから有望株を獲得する故・根本陸夫元社長譲りの人脈力

福岡ソフトバンクホークス

座談会参加者＝夕刊紙元記者Ａ／スポーツ紙デスクＢ／週刊誌野球担当Ｃ

構成＝李策

３本柱を失いながらよく耐えた１年

夕刊紙元記者Ａ　今季のソフトバンクは、ひとことで言うと「よく耐えた」シーズンだったと思いませんか？

スポーツ紙デスクＢ　昨季オフ、投手陣は杉内俊哉、和田毅、ホールトンの３本柱が移籍してしまった。「彼らの稼いだ43勝をどう埋めるか」が開幕前には言われていたが、むしろ後継者が育ついい機会になった。新エース・攝津正の活躍はもちろん、大隣憲司が一皮むけたし、高卒１年目の「九州のダル」こと武田翔太が、ルーキー離れした活躍を見せたのも大きい。

週刊誌野球担当Ｃ　中継ぎ陣の奮闘も目立ったね。あと、育成出身の山田大樹も、支配下登録されて3年目で自己最多の白星を上げた。層の厚さは、さすがと言うほかない。しかし投手陣と比べると、打線は決定力が落ちたかな。

B　「投高打低」と言えるだろうね。レギュラー定着後の9年間、約3割を打ち続けてきた川﨑宗則が米国へ行ってしまったこともあるけど、それより内川聖一の前半の不振が響いたかもしれない。

A　あと、小久保裕紀や松中信彦といったチームの屋台骨を支えてきたベテランの衰えも顕著。ただその中で、柳田悠岐や明石健志、今宮健太、江川智晃といった若手が台頭してきた。和製大砲になると期待される柳田は、小久保が「後継者」として指名している。

B　いよいよ一つの時代が終わって、本格的に新戦力に入れ替わる時期に来ているね。その中で、秋山幸二監督はうまくバランスをとっている。今季は「ここで負けたら終わり」という瀬戸際のゲームをものにして、踏みとどまる場面の連続だった。

C　そういう踏ん張りを支える精神的支柱は、これから誰が担っていくんだろうね。小久保は引退宣言したし、松中もそろそろ。

スローガン
「VV（ブイブイ）」

本拠地球場	福岡Yahoo! JAPANドーム
2011年成績	優勝　88勝46敗10分
	勝率.657
	打率.267①　本塁打90②
	防御率2.32①
2012年成績	3位　67勝65敗12分
	勝率.508
	打率.252③　本塁打70④
	防御率2.56①

A　生え抜きじゃないけど、内川が中心になってくるはず。明るいキャラクターで、全員から慕われている印象がある。あと、松田宣浩や本多雄一あたりも。

C　組織的にも、秋山体制は長期政権化する可能性が高いよね。小久保はじめ、指導者候補の多いことが、むしろ悩ましいぐらいだろう。

B　小久保と松中だけでなく、OBを見渡せば、城島健司（阪神・引退）、井口資仁（現ロッテ）あたりもいい年だね。

A　城島は、最後はホークスで現役を終えたいという望みを持っていたとまで言われていたくらいだから、可能性がある。松中も井口も意欲はあると思う。とくに井口は、次期監督候補のように扱ってきたロッテが、サブローを巨人から呼び戻し、生え抜き路線に舵を切っている。いずれ古巣に戻ってくるんじゃない？

B　11年の引退後に西日本スポーツやテレビの野球解説をやっている柴原洋も、コーチ就任に意欲を持ってる。北九州市出身の柴原は、地元での人気がずば抜けて高い。

C　しかしいちばん気になるのは、小久保監督が誕生するかどうかだ。

小久保はなぜ早々と引退表明したか？

B　ダイエー時代にいったん巨人に出される前は、小久保監督は、既定路線になっていた。復帰したときには親会社もフロントも入れ替わっていたわけだけど、今でも次期監督の最有力候補であることは間違いないよ。

A　問題は、時期とタイミング。秋山監督も実績を築いているし、どこでどうバトンタッチするのか……。このへんは、王貞治会長の采配にかかってくると思います。

C　近いうちに首脳陣入りして、その時を待つ、という運びにはならない？

A　それはどうかな。今の首脳陣にも、実績のあるコーチたちがいるから。大石大二郎ヘッドのほか、高山郁夫投手コーチも秋山監督の信頼が厚い。

B　秋山監督と同じ時代に西武にいた元ピッチャーで、その後、移籍先のダイエーでも一緒になった人だよね。

A　現役のときから、「オレたちだったら、こういう采配で行こう」みたいな話をしていたみたいで、二軍のときから監督・コーチのコンビを組んでいた。

C　ということは、小久保はしばらくはフリーか。そういえば、シーズン中に早々と引退を表明したのを見て、「ＮＨＫ解説者の口に手を挙げたんじゃないか」と勘繰る向きもあった。本当のところはわからないけど、そうやって選択肢を増やすやり方も賢いな。

B　小久保は野球を深く理解しているだけでなくて、視野も広い。「高校野球の監督をやりたい」とも言っているから、解説者だって飄々《ひょうひょう》とやるんじゃない？

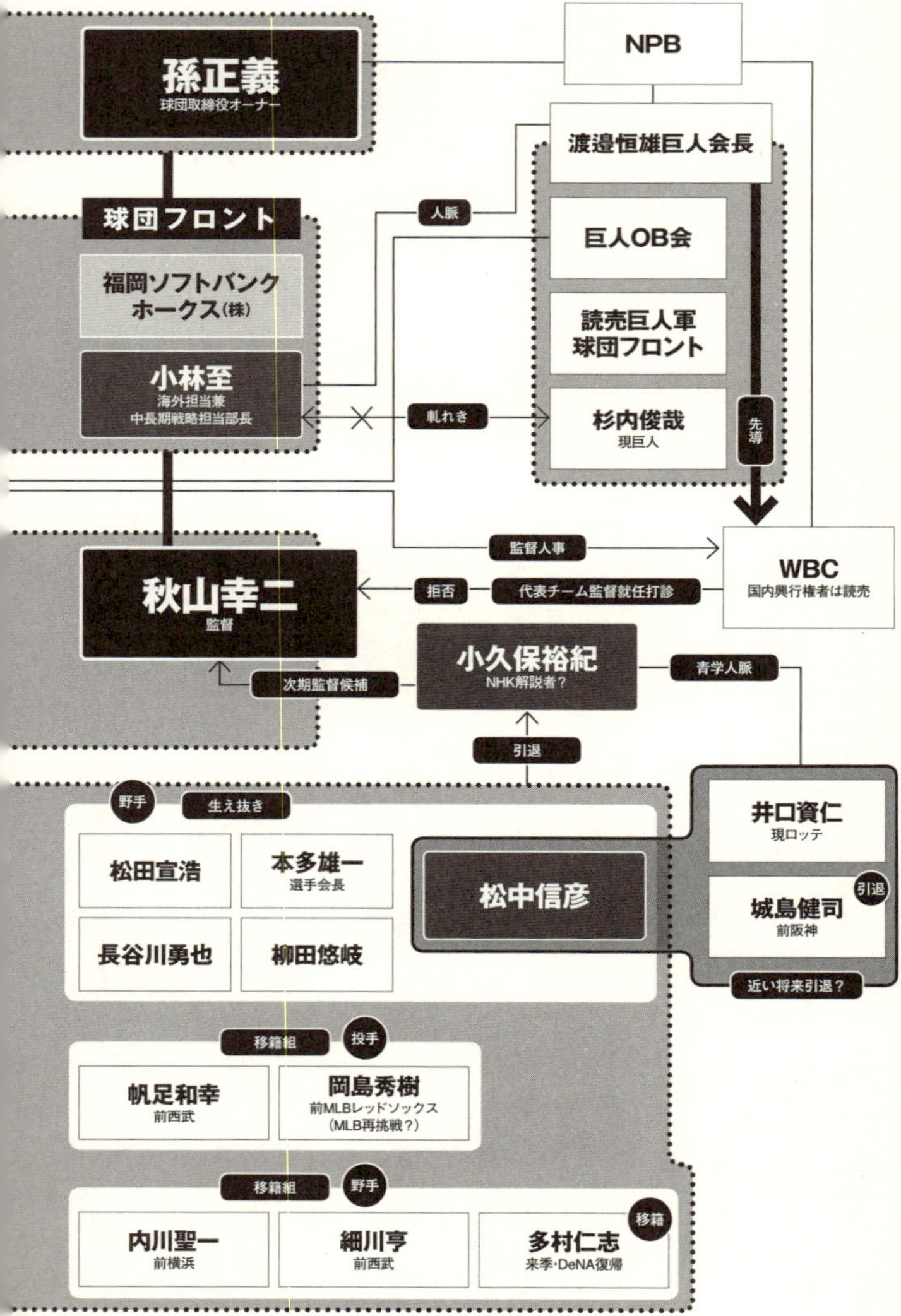

孫正義
球団取締役オーナー
NPB
渡邉恒雄巨人会長
球団フロント
人脈
福岡ソフトバンクホークス(株)
巨人OB会
読売巨人軍球団フロント
小林至
海外担当兼
中長期戦略担当部長
軋れき
杉内俊哉
現巨人
先導
監督人事
WBC
国内興行権者は読売
秋山幸二
監督
拒否
代表チーム監督就任打診
小久保裕紀
NHK解説者？
青学人脈
次期監督候補
引退
野手
生え抜き
松田宣浩
本多雄一
選手会長
長谷川勇也
柳田悠岐
松中信彦
井口資仁
現ロッテ
城島健司
前阪神
引退
近い将来引退？
移籍組
投手
帆足和幸
前西武
岡島秀樹
前MLBレッドソックス
（MLB再挑戦？）
移籍組
野手
内川聖一
前横浜
細川亨
前西武
多村仁志
来季・DeNA復帰
移籍

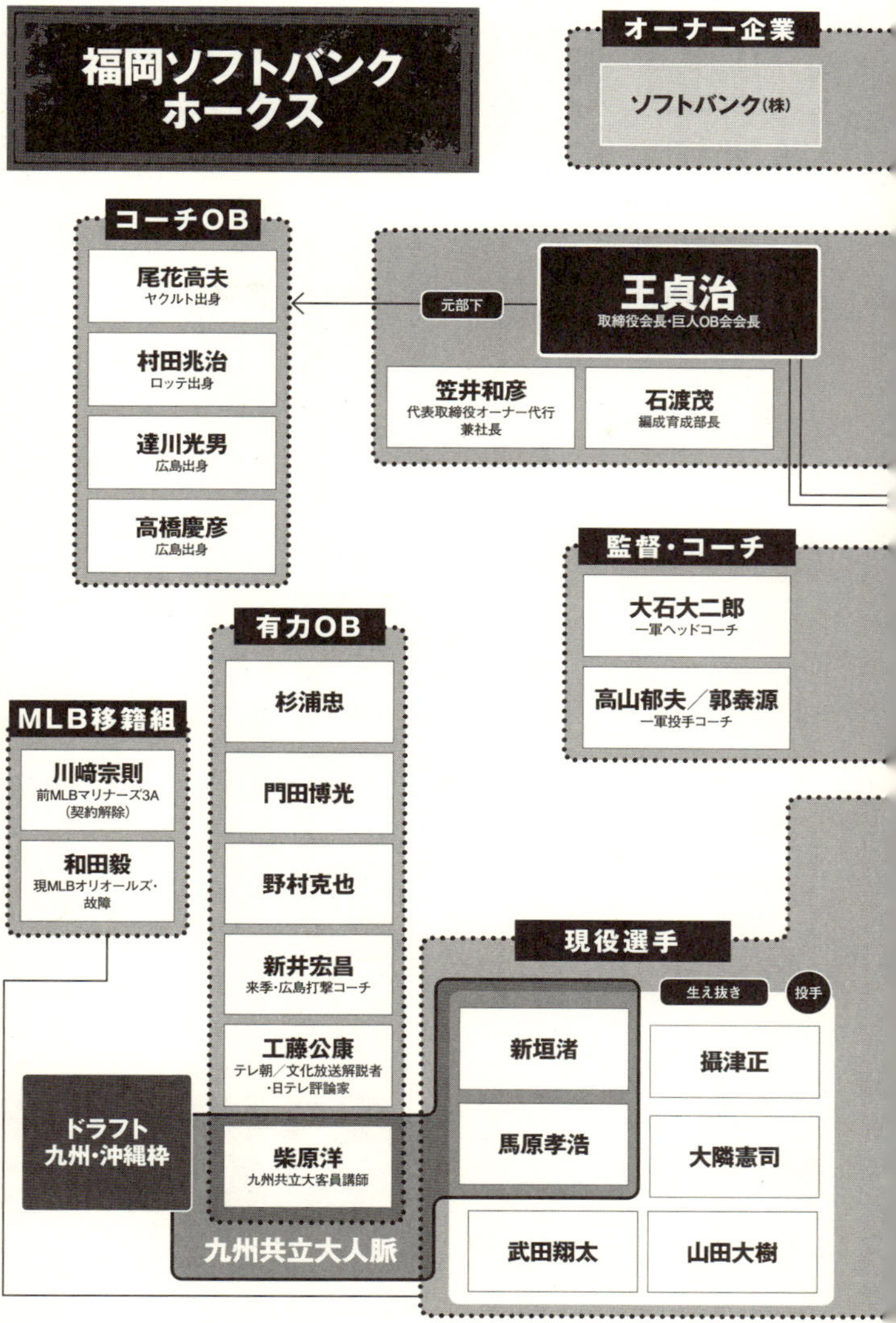
福岡ソフトバンクホークス
オーナー企業
ソフトバンク(株)
コーチOB
尾花高夫
ヤクルト出身
村田兆治
ロッテ出身
達川光男
広島出身
高橋慶彦
広島出身
元部下
王貞治
取締役会長・巨人OB会会長
笠井和彦
代表取締役オーナー代行
兼社長
石渡茂
編成育成部長
監督・コーチ
大石大二郎
一軍ヘッドコーチ
高山郁夫／郭泰源
一軍投手コーチ
有力OB
杉浦忠
門田博光
野村克也
新井宏昌
来季・広島打撃コーチ
工藤公康
テレ朝／文化放送解説者
・日テレ評論家
柴原洋
九州共立大客員講師
九州共立大人脈
MLB移籍組
川﨑宗則
前MLBマリナーズ3A
(契約解除)
和田毅
現MLBオリオールズ・
故障
ドラフト
九州・沖縄枠
現役選手
生え抜き
投手
新垣渚
馬原孝浩
攝津正
大隣憲司
武田翔太
山田大樹

第3回WBC監督を秋山に……王会長と孫オーナーの思惑

C ところでWBC代表監督の件だけど、NPBがあそこまで秋山監督に食い下がったのはなぜだ？

A さあ、NPBは基本的に、読売の意図で動いているようなものだからね。

C NPBを舞台にしたオーナー間の駆け引きがあるんじゃない？ 今、12球団は、「世界の王」が決めたことについては、一番まとまると言われているよね。だからNPBも、特別顧問である王さんに人選を相談したんだろうけど、彼はソフトバンクの人間でもある。秋山監督にWBC代表チームを引き受けさせることで、孫正義オーナーと王会長の球界に対する発言力は増すだろう。

B 面白い見方だけど、さすがに孫オーナーの心の内側まではわからない。

C しかし実際、ソフトバンクは非常に巧妙なやり方でプロ野球に参入している。同社が、かつてダイエーと球団譲渡の契約を交わしたのは04年の11月30日だった。野球協約に沿うなら、本来はこの日までにオーナー会議で、プロ野球加盟の承認を得なければ翌年のシーズンには参加できない。

B その約1カ月前まで選手会がストライキを行ない、やっと楽天イーグルス参入で決着がついたばかりだったから、ソフトバンク参入の可否を改めて議論するなど「まっぴらごめん」という空気があったからね。

C　孫オーナーはそこをよく読んで、ライブドアやＤｅＮＡにぶつけられたような反対論の出る余地を、あらかじめつぶしてしまった。

　そうまでして参入したからには、プロ野球を足場に財界中枢に攻め上るとか、それなりの狙いがあるのではと想像してしまうんだ。

A　そうした見方が正しいかどうかは別としても、孫オーナーとナベツネの間には、微妙な距離感があるのは事実ですよ。たとえばフロントの小林至部長なんかも、このふたりとの縁で球団にきた人。

C　11年の契約更改で杉内に「ＦＡ宣言しても取る球団がない」と言い放って、エースを巨人へ流出させるきっかけを作った人だよね。

チーム編成には王貞治会長の影響力が

A　小林部長は球団経営を学ぶために米国に留学し、帰国して著書執筆のためにインタビューした相手がナベツネでした。その内容を気に入ったナベツネが、孫オーナーに売り込んだ経緯がある。

C　選手に対する尊大とも言える物言いも、大物ふたりがバックにいる、という意識から出てしまったのかな。

A　球界での影響力について言うなら、王さんは巨人のOB会会長でしたよね。この肩書きも物を言うんじゃないですか。

B　いや、それがそうでもないんだ。以前は、熱海の会合で監督をつるし上げるほどの力がOB会にはあった。でも、最近は出席者が減ってきて、とくに若いOBがあんまり出ないらしい。

A　それに王さんはそもそも、巨人のやることについては口出ししていないはず。周囲も本人も、今はソフトバンクの人間だという認識でしょう。

B　そう言えば昔、王さんが「俺は巨人でBクラスになったことはない」っていうことを、しきりに言っていた時期があった。最初、何を言わんとしているのかよくわからなかったんだけど、暗に「ミスターは最下位があるだろう」っていうことを言っていたんだな。王さんと長嶋さんの仲は決して悪くないけど、やっぱり永遠のライバルだから。

それがホークスに行ったら、Bクラスどころか最下位。もうプライドがズタズタになったらしいけど、そんな弱いチームをここまで育て上げたんだから、本人も誇りを持っているし、周囲もすごく評価している。

A　そういったこともあってか、編成などでも王会長の考えが強く反映される傾向がありますね。

B　編成は以前、小林部長が執行役員としてやっていたけど、今は外れているでしょう。

A　今の編成部長は、石渡茂元二軍監督ですね。近鉄でスカウトを長くやって、05～07年にもホークスで編成部長を務めていた人。

B　ホークスは、05年からのドラフト、移籍、育成枠入団選手による総得点が１７２２点で、失点が１０２０点というデータがある。12球団のうち得点が上回っているのは、ほかに巨人だけだ。

C　スカウトがいい仕事をしている、ということかもしれないけど、いい選手を継続的に取るには、「供給源」を確保しておくのが重要でしょう。ホークスは小久保や井口の存在もあって、青山学院大とのパイプが太いように見える。

根本陸夫元社長と独自の青学人脈

A　井口の同期で、青学の黄金時代を築いた倉野信次（現三軍コーチ）もホークスに入団したし、千葉ロッテに行った清水将海も、現在はホークスでコーチになっている。

B　青学とのパイプを持っていたのは、ダイエーホークス監督とフロントを兼務した根本陸夫元社長（故人）だよね。

C　根本さんは、小久保を取った93年のドラフトで、セパ5球団が1位指名候補にしていた神奈川大の右腕・渡辺秀一も獲得している。ドラフトでは、この年から社会人・大学生の逆指名制度が始まっていて、渡辺はロッテ入りが濃厚だった。

ホークスは、渡辺と接触した時点で、打者の超目玉選手だった小久保の1位指名が決まっていた。渡辺は球団にこだわらず「1位で入団したい」との意向だったから、ホークスを逆指名するとは誰も予想していなかった。ところが根本さんは、事前に「2位でも来てくれ」と小久保を説得し、土壇場で渡辺を1位に入れ替えたんだ。

これにプライドをくすぐられた渡辺はホークスを逆指名し、8勝4敗で見事、新人賞を獲得したという話だ。

B　井口を1位、松中を2位、柴原を3位で取った96年のドラフトも圧巻だったよね。柴原は中日も上位指名で獲得を目指していたんだけど、根本さんは彼に、「ダイエーホークス以外なら、同じダイエーグループのローソン野球部に入る」と言わせて囲い込んだ。

C　それは西武時代にも駆使した方法だよね。80年のドラフト会議で、阪急と日ハムからそれぞれ1位指名された川村一明と高山郁夫が、そろって入団を拒否し、西武グループのプリンスホテル経由で西武に入団している。

ドラフトで威力を発揮する九州・沖縄人脈

Ａ　根本さんは99年に亡くなりましたが、彼の「置き土産」はその後もホークスに残っているね。柴原の入団以降、彼の出身校である九州共立大（九共大）と球団の関係はめちゃくちゃ強くなっている。柴原は、同大学の特別客員講師もやっています。

　根本さんは、実力が同等なら、できるだけ九州の選手を取るという「地域密着」の方針を、補強でも徹底していた。球団内でドラフトの「九州・沖縄枠」というのを設けて、九共大や三菱重工長崎の硬式野球部との関係を深めた。

Ｃ　その後、九共大からは新垣渚と馬原孝浩らが、三菱重工長崎からは篠原貴行（現横浜ＤｅＮＡ）と杉内が入団しているよね。

Ｂ　とくに九共大の野球部は、なかばホークス入団の「待機ポスト」みたいになっている。

Ａ　球団と大学は否定するでしょうが、九州内の他の大学関係者はそのような位置づけで見ています。親密なのがミエミエなので、あまり球団のことを快く思っていない関係者もいるほど。実際、他球団のスカウトも、九共大には手が出しづらいのが実情です。

C 九共大OBで、02年にホークスで現役引退した大野倫は、いまは同大学の沖縄事務所長を務めながら、地元のボーイズリーグの指導もしているらしい。まさか球団がスカウトとして送り込んだわけではないだろうけど、有望な野球少年がいれば、いずれホークスと人脈がつながってくる。

九州・沖縄は、いよいよ「ソフトバンクの王国」の様相を呈してきたね。

球界一の星野人脈を使った「巨額補強」を英断せよ

東北楽天ゴールデンイーグルス

座談会参加者＝夕刊紙元記者A／スポーツ紙デスクB／週刊誌野球担当C

構成＝李策

田中将大１人じゃ息切れして当然

夕刊紙元記者A　楽天は今季、前半戦を40勝38敗３分けのリーグ３位でユーターン。Aクラス、勝ち越しでの折り返しは、球団創設８年目で初めてです。星野仙一監督は「まだ伸びる。楽しみだ」と上機嫌だったけど、後半戦が始まった途端にBクラスに転落した。

スポーツ紙デスクB　去年と比べると、４年目の辛島航、２年目の美馬学らが先発で勝ち星を増やしたけど、メジャーへ行った岩隈久志の穴をようやく埋められたかな、という程度。柱が田中将大の１本だけじゃ、息切れするのは当然だよな。球団もそのことに気づき、７月末には新外国人のダックワース（先発）を入団させた。しかし、どうにか日本に馴染んで初勝利を挙げたのは9月に入ってから。補強が後手に回った観は否めない。

A　ただ、中継ぎの小山伸一郎は防御率1・99、青山浩二も2点台で踏ん張ったし、岩隈の背番号21を引き継いだ高卒ルーキーの釜田佳直も、7勝と上々の成績だった。実際、失点やチーム防御率は西武と比べても悪くないです。

週刊誌野球担当C　問題は打線ということかな。とくに長打力。山﨑武司が中日に移ってから、本塁打を2ケタ打てる選手がいなくなった。昨季から入ったメジャー復帰組の松井稼頭央と岩村明憲も、結局、底上げにはつながらなかった。

A　とにかく補強が必要という点では、ほかのBクラス球団と事情は同じ。そういった意味から言うと、今季最大のニュースは、三木谷浩史楽天会長が4年ぶりに球団オーナーに復帰して、早々と星野監督の続投を明言したことかもしれない。大型補強にカネをかけるには、オーナーの陣頭指揮が不可欠でしょうから。

C　楽天のフロントは、とにかく収支を重視してきた印象が強いからね。09年にはチームが過去最高のリーグ2位につけるなかで、カネのかかる野村克也監督を、契約を盾に退任させた。

A　その「野村切り」の憎まれ役を引き受けた島田亭社長も、三木谷オーナーの復帰にともなって交替した。海外に栄転したというから、人事に深い意味はないのかもしれないけど、人気監督より収支を優先した幹部がフロントにいたら、三木谷オーナーといえども大盤振る舞いはしにくいよ。

B　まだ大盤振る舞いすると決まったわけじゃないけどね（笑）。

C　ただ、流れとしてはそういう方向でしょう。だって星野監督のチーム作りと言えば、「カネと鉄拳」が二大ポイントじゃない。とにかく補強にカネをかけて、いい選手を連れてくる。そして、ぶん殴って強くする（笑）。

　中日と阪神の監督時代には、オーナーのバックアップもあったからやりたい放題だった。阪神の1年目のオフに伊良部秀輝とか金本知憲とか、新井貴浩とかを取って翌年優勝したのが象徴的。

星野監督の懐刀は福田功副本部長

A　星野監督の望む大型補強が実現するとしても、退団した田淵幸一ヘッドなんかを連れてきていたのを見ると、大丈夫かな、と思う部分もある。田淵ヘッドは指導者としては落第点を取った人じゃないですか。山﨑が出ていったのは、田淵ヘッドとの衝突をきっかけに監督と確執

スローガン

「Smart & Spirit 2012
ともに、前へ。」

本拠地球場	日本製紙クリネックススタジアム宮城
2011年成績	5位　66勝71敗7分 勝率.482 打率.245⑤　本塁打53⑤ 防御率2.85③
2012年成績	4位　67勝67敗10分 勝率.500 打率.252③　本塁打52⑥ 防御率2.99③

を抱えたから、という話もある。

B　まあ、そこは田淵ヘッドの失業対策なんだよ。彼は長らくＴＢＳの解説者をやってきたけど、地上波が野球中継をやらなくなっちゃったから。何しろ星野監督は昔、「自分が中日、山本浩二が広島、田淵が阪神の監督やって、優勝争いするのが夢だ」なんて言っていたくらいだしね。もっとも、中日・阪神の監督時代に一緒に戦った島野育夫ヘッド（故人）が健在なら、楽天でも当然、彼の方を参謀にしたはずだよ。

C　ヘッド格の佐藤義則投手コーチも星野阪神の優勝の功労者だよね。日ハムの投手コーチ時代には、ダルビッシュが師事していた理論派だ。

B　星野流の精神論は、理論派の裏付けがないと空回りする。本人もそれがわかっているんだろう。そういう意味で重要な人物が、いま楽天のチーム統括本部にいる福田功副本部長。この人ほど、野球の理論をわかりやすく話せる人はいない。75年に捕手として中日に入るんだけど、82年に一軍出場がないまま引退した。

　そして何がきっかけだったのか、星野監督の目にとまって、二軍監督をはじめ重要ポストに登用されるようになったんだ。その後、横浜でヘッドコーチを務めるなどした後、北京五輪でも星野ジャパンに帯同している。

デーブ大久保は三木谷ジュニアの先生

C　そんな理論派好きの星野監督が、またどうして打撃コーチにデーブ（大久保博元）を持ってきたんだろうね。おまけに、来季からは二軍監督ですよ。

B　ぶん殴ってでもやらせる、というノリの部分での親和性でしょう。それにデーブは、西武コーチ時代の選手（菊池雄星）への「暴行」が取沙汰されがちだけど、指導者としては熱心だし、実績も評価されている。

A　デーブは、三木谷オーナーの息子に野球を教えたこともあって、彼との個人的な関係も強いんですよ。負け試合後のミーティングで、ミスした選手を叱責するやり方が他のコーチ陣の不評を買っていたりもするんだけど、星野監督はあまり気にしてない。

C　オーナーの個人的つながりと言えば、創価学会系の選手たちとの人脈はどうなってるの？

B　楽天では、メジャーに行った岩隈夫妻が学会員だったことが知られているね。04年に近鉄が消滅した際、オリックス行きを断固拒否して楽天入団にこだわったのも、同じく学会員で義父の広橋公寿元コーチに義理立てしたからだと言われている。

A　三木谷オーナーも学会員？

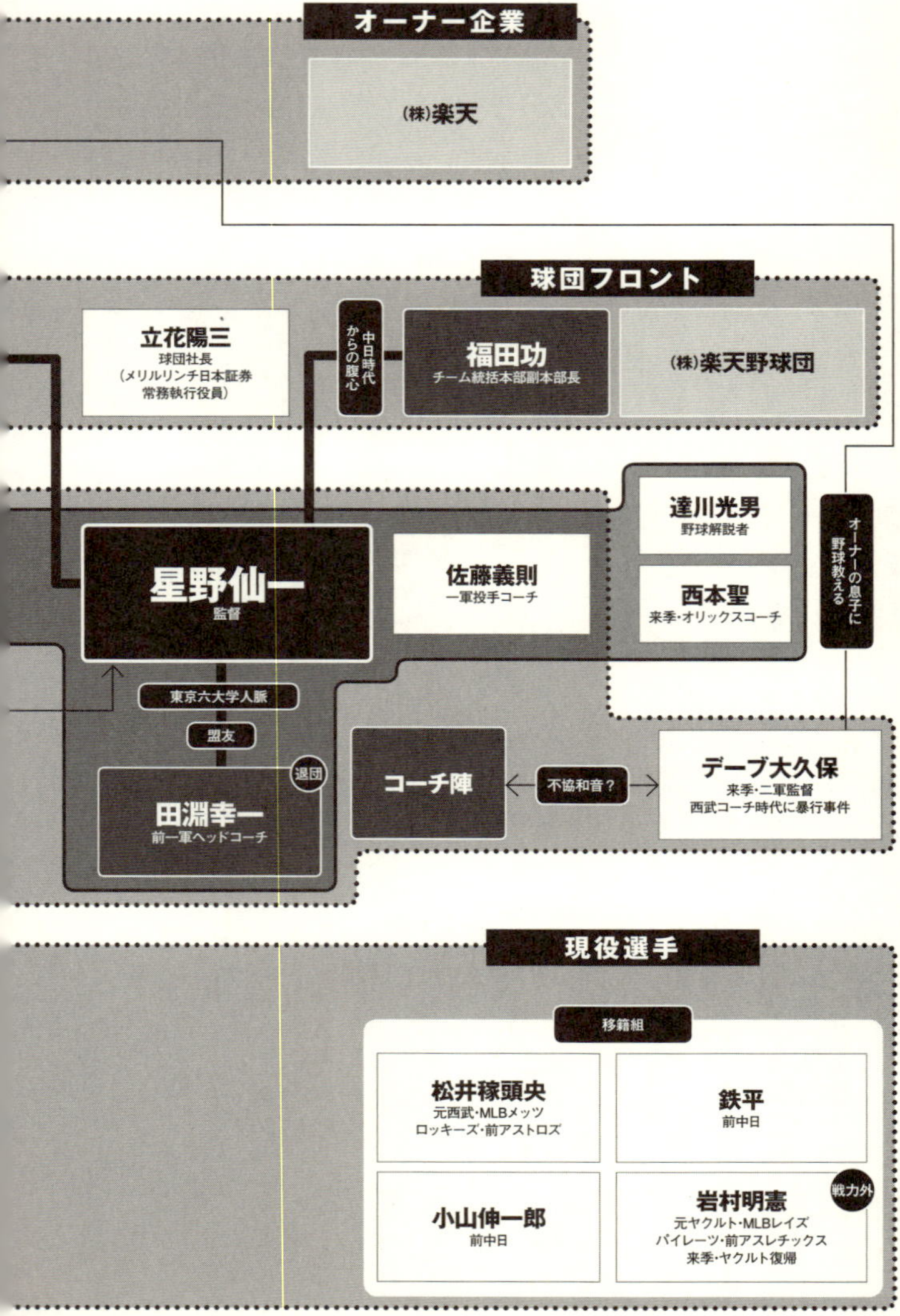

オーナー企業
(株)楽天
球団フロント
立花陽三
球団社長
(メリルリンチ日本証券
常務執行役員)
中日時代からの腹心
福田功
チーム統括本部副本部長
(株)楽天野球団
星野仙一
監督
佐藤義則
一軍投手コーチ
達川光男
野球解説者
西本聖
来季・オリックスコーチ
オーナーの息子に野球教える
東京六大学人脈
盟友
退団
田淵幸一
前一軍ヘッドコーチ
コーチ陣
不協和音？
デーブ大久保
来季・二軍監督
西武コーチ時代に暴行事件
現役選手
移籍組
松井稼頭央
元西武・MLBメッツ
ロッキーズ・前アストロズ
鉄平
前中日
小山伸一郎
前中日
戦力外
岩村明憲
元ヤクルト・MLBレイズ
パイレーツ・前アスレチックス
来季・ヤクルト復帰

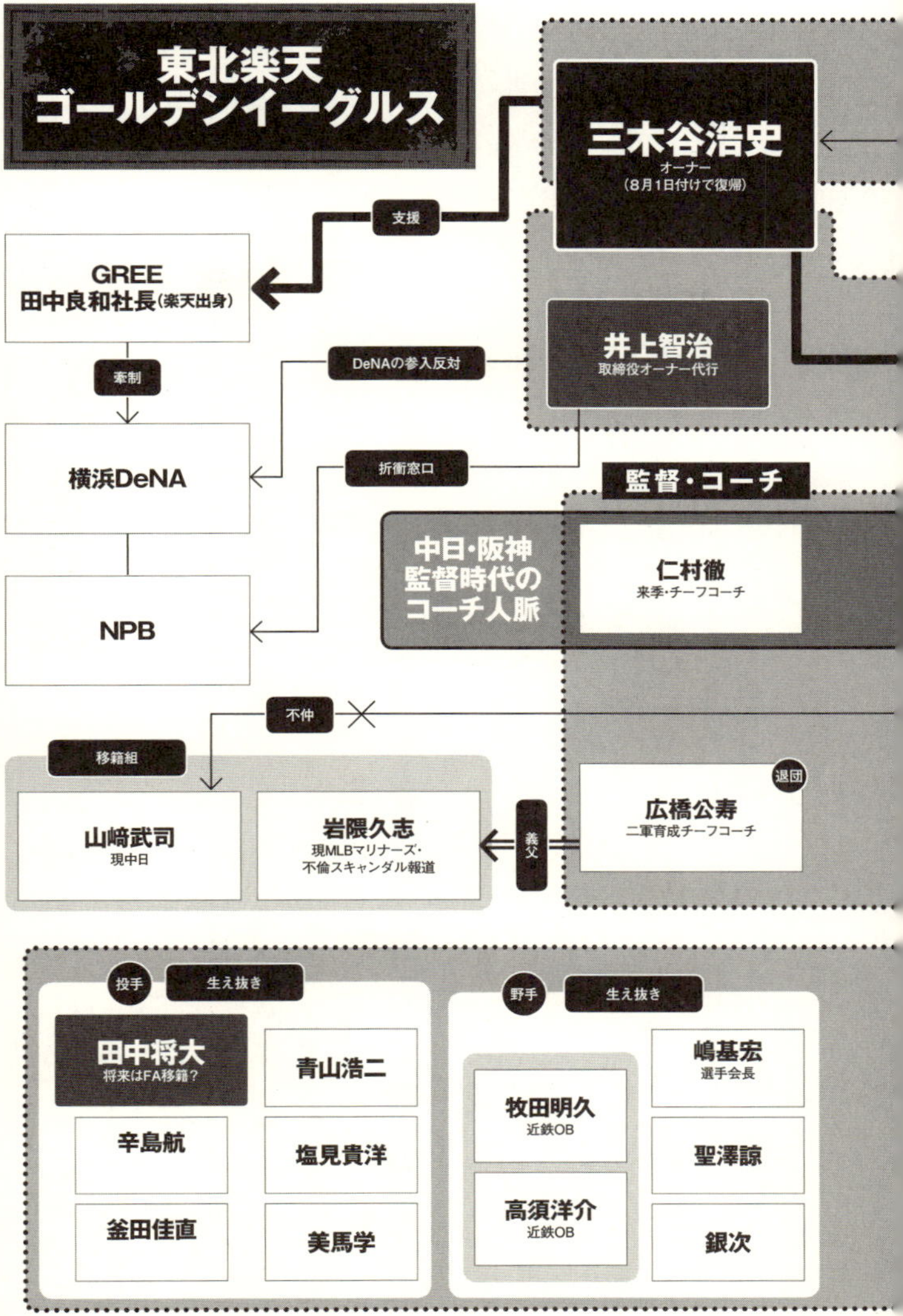
東北楽天
ゴールデンイーグルス
三木谷浩史
オーナー
（8月1日付けで復帰）
支援
GREE
田中良和社長（楽天出身）
牽制
DeNAの参入反対
井上智治
取締役オーナー代行
横浜DeNA
折衝窓口
NPB
監督・コーチ
中日・阪神
監督時代の
コーチ人脈
仁村徹
来季・チーフコーチ
不仲
移籍組
山﨑武司
現中日
岩隈久志
現MLBマリナーズ・
不倫スキャンダル報道
義父
退団
広橋公寿
二軍育成チーフコーチ
投手
生え抜き
田中将大
将来はFA移籍？
青山浩二
辛島航
塩見貴洋
釜田佳直
美馬学
野手
生え抜き
嶋基宏
選手会長
牧田明久
近鉄OB
聖澤諒
高須洋介
近鉄OB
銀次

C　そこはよくわからないんだけど、彼の祖父が学会の大物幹部だったのはよく知られているよ。

　それに創価学会周辺には、富裕な学会メンバーからなる「箱根筋」と呼ばれる仕手集団がいる。楽天は２０００年４月19日に株式公開した際、折悪しくネットバブルの調整局面とぶつかって株価が公募価格（１株３３００万円）を割り込んだけど、翌日には４０４０万円まで高騰した。証券業界では、箱根筋の資金が持ち上げたというのが定説になっているんだよ。

B　なるほどね。仮に、三木谷オーナーが学会の人脈とつながっているんだとしたら、補強の際に水面下で動くこともありえるんだろうか？

ディー・エヌ・エーの横浜買収に断固反対した背景

A　やっぱり、楽天は三木谷オーナーの球団だということですかね。このタイミングでオーナーに復帰したのも、同じＩＴ企業で商売敵のディー・エヌ・エーをつぶすため、球界内での政治力を増すのが目的じゃないか、なんてウワサされてます。

B　ディー・エヌ・エーのプロ野球加盟を承認したオーナー会議でも、楽天は唯一反対に回った。

C　議決で反対に回ったのは楽天だけだったけど、その前の討議ではオリックスの宮内義彦オーナーが「本来ならディー・エヌ・エーが（プロ野球に）加盟する資格はない」と発言するなど、大半の球団が批判的な意見を表明したらしい。それも、三木谷オーナーが「（ディー・エヌ・エーが展開する）モバゲーは出会い系サイトと同じ」「青少年犯罪の温床」などと、批判行脚をして回ったから。

　オーナー会議では４球団以上が反対すると、加盟は認められない。最終的にそうならなかったのは、赤字に喘《あえ》ぐＴＢＳの井上弘会長が「早く売却させてくれ」とナベツネに泣きついていたからだ。

A　それと同じ時期、ディー・エヌ・エーは同業者のＧＲＥＥともゲーム開発業者の囲い込みをめぐって非難の応酬を繰り広げていたが、その背後にも、楽天の存在を見る向きがあった。ＧＲＥＥ創業者が楽天出身で、三木谷オーナーとの結びつきが強いとも言われていた。つまり楽天のディー・エヌ・エー攻撃に対する「側面支援ではないか」と……。

B　それにしても、三木谷オーナーはどうしてそこまでして、ディー・エヌ・エーを排除しようとしたのかな。

C　ディー・エヌ・エー創業者の南場智子前社長に激しいライバル心を持っているからと言われているけど、本人が語らないので本当のところはよくわからない。しかしそもそも、三木谷オーナーは商売だけを考えてプロ野球に参入したわけではなくて、球界を財界中枢に食い込むステップと考えているフシがある。

A　それは、ソフトバンクの孫正義オーナーからも感じられる。

C　楽天は、より露骨と言えるかもしれない。そう言える理由は、井上智治オーナー代行の存在。チームの運営にはほとんど関わらず、主に連盟を担当しているというから、つまりは「政治担当」ということになる。彼はかつて〝コワモテ〟と言われた元弁護士で、社会のオモテからウラまで、さまざまな「人脈」を張り巡らしている。他球団のオーナーたちのなかにも、その「人脈」に息を呑む人がいるはずなんだ。

B　それでもプロ野球界で発言力を持とうと思ったら、チームを強くしなきゃ。三木谷オーナーの目指すものが何にせよ、実現にはまだまだ時間がかかるよ。

お家騒動が沈静化し、ボビーの撒いた種がようやく咲き始めたが……

千葉ロッテマリーンズ

座談会参加者＝夕刊紙元記者A／スポーツ紙デスクB／週刊誌野球担当C

構成＝李策

サブローを出したり呼び戻したり……

夕刊紙元記者A　12年ペナントレースの出来は、昨季に比べればまずまずといったところ？

スポーツ紙デスクB　昨季は最下位だったわけだから、多少はマシな結果になって当然だけどね。なにせ11年は、打線がひどかった。チーム本塁打が計46本で、本塁打王の西武・中村剛也（48本）ひとりにも及ばなかったんだから。チーム打率もワースト。

週刊誌野球担当C　西岡剛が10年オフにメジャーへ行き、サブローを11年途中に出してしまったら、井口資仁まで振るわず、本塁打を2ケタ打つ選手がいなくなった。

B　それなのに、今季も打線の補強は出戻りのサブローだけ。巨人で調子を落として移籍してきたグライシンガーが先発で復活してくれなかったら、オリックス並にどん底になっていた可能性もあるよ。

A　先発投手陣は、昨季の勝ち頭だった唐川侑己とベテランの渡辺俊介が、後半に入ってケガに泣きましたからね。ただ、今季で5年目の唐川も前半の内容は良かったし、27歳のエース成瀬善久も奮闘した。西岡の穴を埋めてショートに定着した根元俊一に、育成出身のセンター岡田幸文と、20代で有力なコマが揃《そろ》ってきている。

C　それって皆、ボビー・バレンタインが監督に再任（04年）されて以降に獲得した面々だよね。11年のドラフトで目玉のひとりだったルーキーの藤岡貴裕も、5月までは4連勝と飛ばしていた。

　ということで、新人はそこそこ収穫があるのかもしれないが、それにしてはサブローを出したり呼び戻したりと、フロントのやることにちぐはぐな部分がある。

A　09年にエースの清水直行を横浜へ出し、10年オフには小林宏をまったく慰留せずにＦＡで阪神に移籍させたのも、ファンの間では不評だった。西岡は本人がポスティングを望んだわけだけど、チームの事情を考えれば引き止める選択肢だってあったはず。

C　しかし09年の段階で、ロッテの年俸総額は阪神、ソフトバンク、中日に続く4位で、巨人よりも多かった。ボビー政権で増えた観客動員も下降に転じていたし、高給取りの放出は待ったなしだったんじゃないの。

井口監督に向けて生え抜きを大放出⁉

B　それも背景のひとつではあるけど、04年にフロント入りした、福岡ダイエー（現ソフトバンク）元代表の瀬戸山隆三社長（当時）らの思惑が働いていた部分が強い。なにせあの頃、球団内では「うちは千葉ダイエーホークスだ」なんて囁かれていたほど、球団はダイエー色が強くなっていたんだ。瀬戸山社長は08年にダイエーで一緒にやっていた石川晃球団運営本部長を連れてきて、続けてメジャーでFAになっていた井口を取った。そこからは、「井口監督」に向けてまっしぐらだったらしい。

C　それで、生え抜きをどんどん放出したわけか。だがいくら何でも、選手会長のサブローをシーズン中に巨人へトレードに出したのは露骨だったよね。

A　しかもあのトレードは、ロッテから持ちかけたものだったと言われる。そのうえ、石川本部長がメディアに「うちは生え抜きというのは関係ない」と言い放ったものだから、選

スローガン
「和のもと ともに闘おう!」

本拠地球場　QVCマリンフィールド
2011年成績　6位　54勝79敗11分
勝率.406
打率.241⑥　本塁打46⑥
防御率3.40⑥
2012年成績　5位　62勝67敗15分
勝率.481
打率.257①　本塁打64⑤
防御率3.13④

手の反発は相当なもの。編成方針の再考を求めて、選手会が重光昭夫オーナー代行に直訴したとも言われてますよ。

C　瀬戸山・石川の両氏が11年のシーズン中に突然、辞任を表明したのも、そのあたりがきっかけでしょう。

A　辞任会見は本当に突然で、球場に来てなかったロッテ担当記者もいたほど。連絡を受けて、記者連中は「西村監督が途中休養して、井口がプレーイングマネージャーになるのかな」とマジメに話していた。それぐらい、井口政権は既定路線だったんです。そうしたら瀬戸山社長がいきなり「今シーズンで任期満了のため退任する」と表明し、同時に石川本部長が「社長と二人三脚でやってきたので、私も退任する意志を固めた」と追随した。報道陣も突然の話でよく理解できず、しばらく質問も出ませんでしたね。

B　二人三脚と言ったって、瀬戸山社長は営業、石川本部長はチームと明確に仕事が分かれていたんだから、本来なら同時に辞める必要はないよね。瀬戸山社長には落ち込んだ入場者数を回復させられなかったことの責任があるけど、石川本部長は別。

A　たしかに、瀬戸山社長は覚悟を決めたような厳しい表情だったけど、石川本部長は苦虫を噛《か》み潰したような顔だった。どう見ても道連れにされた感じ。

C　シーズン中に、後任も決まらないままトップ2が辞任など、「天の声」がなければありえない。つまり、２人のやり方が重光オーナー代行の逆鱗に触れたということでしょう。

A　「生え抜きというのは関係ない」という方針は、彼の感覚とは相容れなかったんだろうね。

瀬戸山前社長体制を解体した「千葉ロッテの女帝」

B　それと実は、このときの内紛にはもうひとつ背景があると言われている。ボビー政権下で二軍監督やスコアラーを務めた古賀英彦さんが『日刊ゲンダイ』で書いているんだけど、「自軍の選手にメジャー入りを勧め、息のかかった代理人を通じて海を渡らせようと画策しているフロントがいる。他球団で後ろ指をさされるようなことをしていられなくなり、ロッテに来たフロントがいる」と。つまり、編成にかかわる不透明なカネの流れがあったということだ。

　そうしたもろもろの実態を調査して、瀬戸山体制を解体に追い込んだと言われているのが、「千葉ロッテの女帝」と言われた米田容子元球団副代表補佐だよ。

C　重光オーナー代行がいきつけの料亭からヘッドハントして、ＶＩＰ接待を任されて力をつけたと言われる女性だよね。ＰＬ学園出身で、後輩のサブローや今江敏晃、

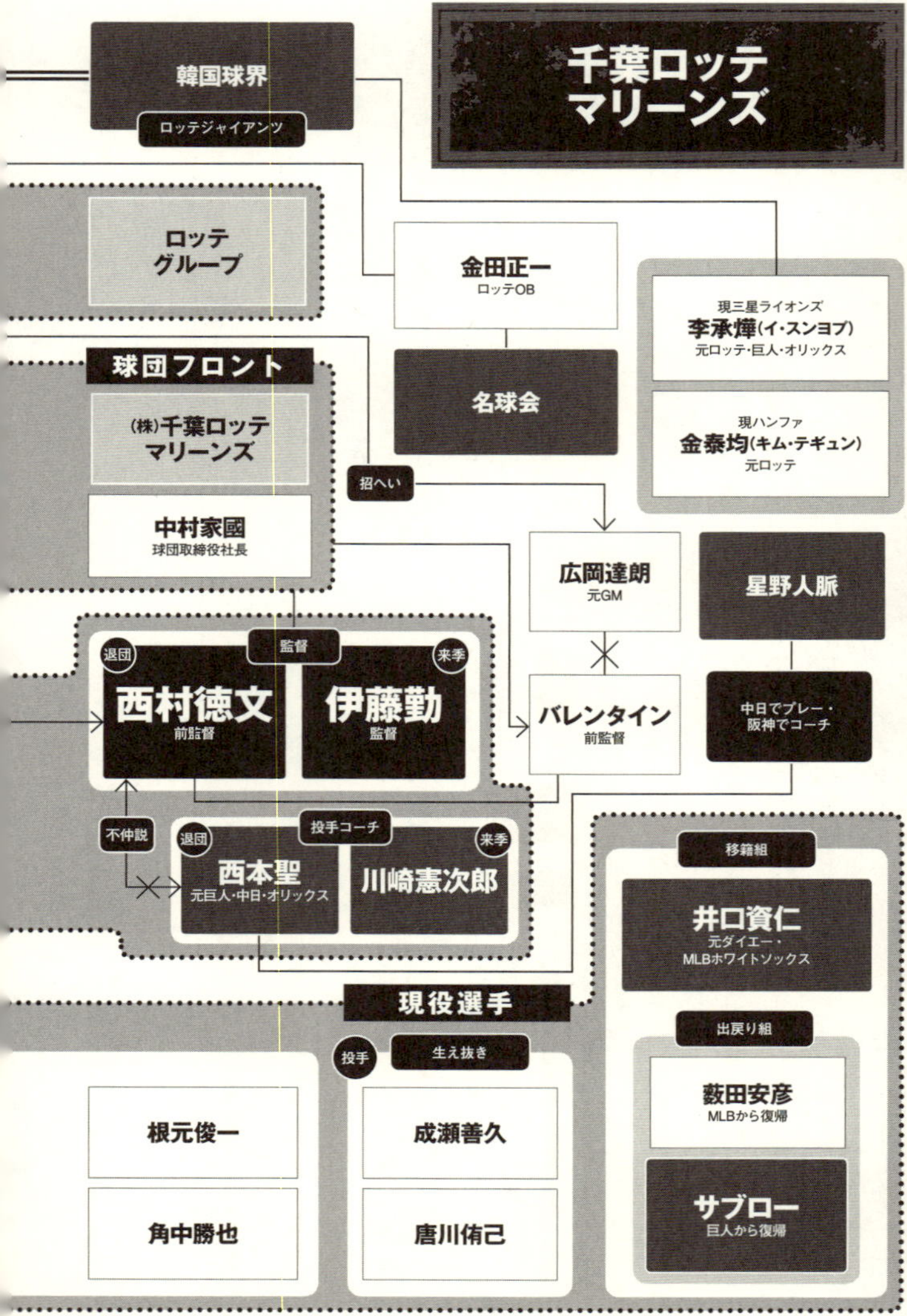

千葉ロッテ
マリーンズ
韓国球界
ロッテジャイアンツ
ロッテ
グループ
金田正一
ロッテOB
名球会
現三星ライオンズ
李承燁(イ・スンヨプ)
元ロッテ・巨人・オリックス
現ハンファ
金泰均(キム・テギュン)
元ロッテ
球団フロント
(株)千葉ロッテ
マリーンズ
中村家國
球団取締役社長
招へい
広岡達朗
元GM
星野人脈
中日でプレー・
阪神でコーチ
監督
退団
西村徳文
前監督
来季
伊藤勤
監督
バレンタイン
前監督
不仲説
投手コーチ
退団
西本聖
元巨人・中日・オリックス
来季
川崎憲次郎
移籍組
井口資仁
元ダイエー・
MLBホワイトソックス
現役選手
投手
生え抜き
根元俊一
角中勝也
成瀬善久
唐川侑己
出戻り組
薮田安彦
MLBから復帰
サブロー
巨人から復帰

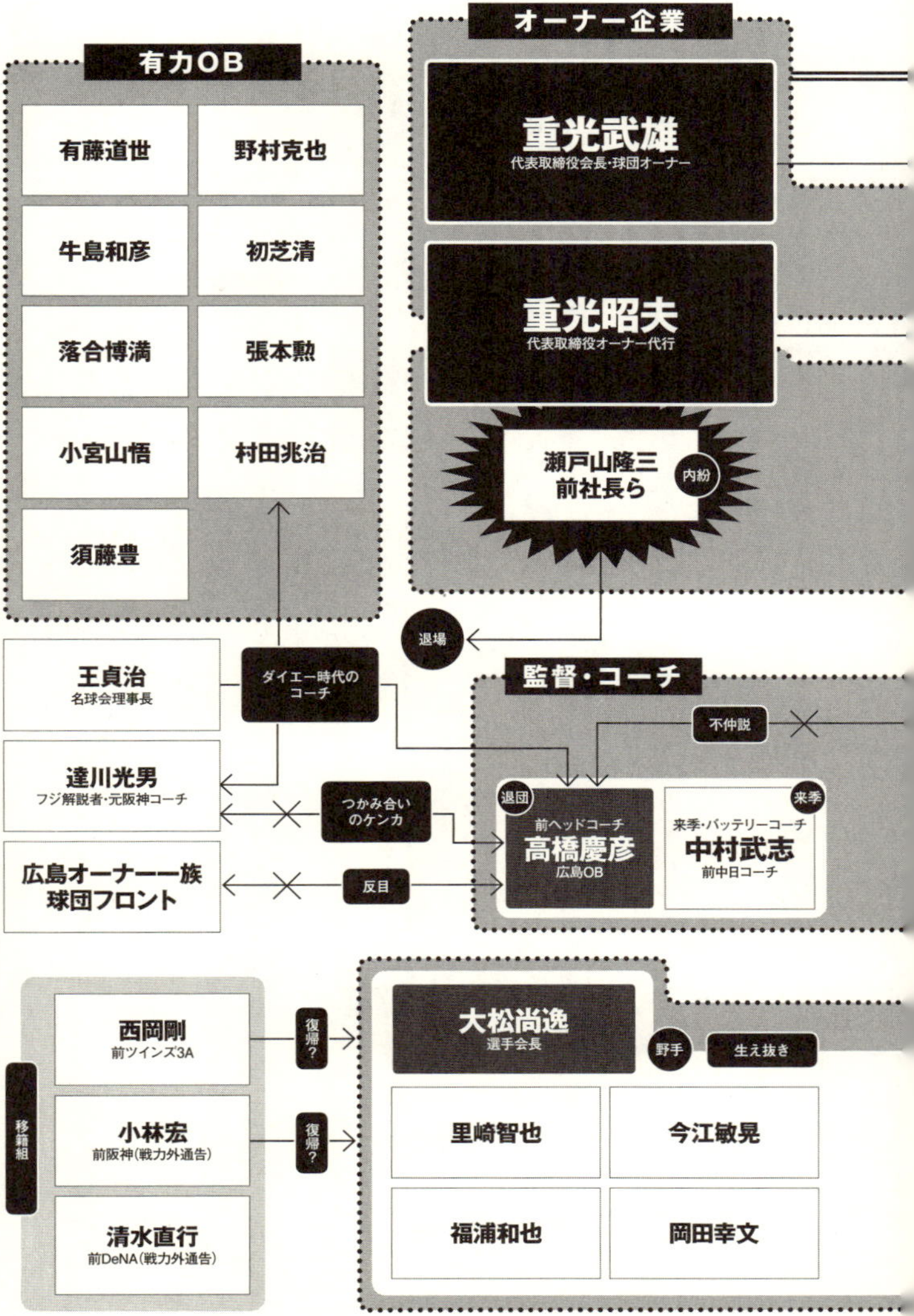

オーナー企業
重光武雄
代表取締役会長・球団オーナー
重光昭夫
代表取締役オーナー代行
瀬戸山隆三
前社長ら
内紛
退場
有力OB
有藤道世
野村克也
牛島和彦
初芝清
落合博満
張本勲
小宮山悟
村田兆治
須藤豊
王貞治
名球会理事長
ダイエー時代の
コーチ
達川光男
フジ解説者・元阪神コーチ
つかみ合い
のケンカ
広島オーナー一族
球団フロント
反目
監督・コーチ
不仲説
退団
前ヘッドコーチ
高橋慶彦
広島OB
来季
来季・バッテリーコーチ
中村武志
前中日コーチ
移籍組
西岡剛
前ツインズ3A
復帰?
小林宏
前阪神(戦力外通告)
復帰?
清水直行
前DeNA(戦力外通告)
大松尚逸
選手会長
野手
生え抜き
里崎智也
今江敏晃
福浦和也
岡田幸文

今岡誠をやたらと可愛がっていたそうじゃない。重光オーナー代行がサブローを呼び戻したのも、彼女の意向を汲んでのことでしょう？

A　一時は、彼女が新社長になるなんてことが言われていましたからね。しかしフタを開けてみたら、今年2月に退団して、ロッテ本社に戻りました。

B　以前から、瀬戸山・石川コンビと対立してフロントを引っ掻き回していたから、喧嘩両成敗ってことだろう。

C　いずれにせよ、オーナー代行がシャキッとしていれば、こんな問題も起きない。

A　まあ、現場が丸投げになるのもムリないんじゃないですか。彼は忙しい人で、月の半分は海外に出ている。韓国のロッテジャイアンツも見ているわけだから。

C　だったら、チームの先行きはどうなるのかな。禍根を残したにせよ、ドラフトでそこそこ戦力を整えられたのは、瀬戸山・石川コンビの手腕もあったんじゃない？彼らはダイエー時代、小久保、城島、井口、松中らを取った根本陸夫に仕込まれたわけでしょう。

B　いや、彼らの時に取った若手が今後どういうふうに育つにせよ、石川本部長時代のチーム作りはひどかったと思うな。軸になる生え抜きを放出したばかりか、足に特化した野球をするといって、2番バッターばかり集めてきた。大型選手より小型の2番バッターは年俸が安いからね。その結果、まったく点が取れなくなった。それでいて井口はどんなに調子が悪くても使わせるんだから、チーム内には不満が渦巻いていた。

3Aに甘んじている西岡を連れ戻せる？

C　西村徳文監督と高橋慶彦、西本聖らコーチ陣との不仲も、雰囲気の悪さを助長した。

A　そういうこともあって、西村監督の任期が1年残っていたにもかかわらず、フロントは新体制への移行を決断したんでしょう。高橋、西本両コーチの退団も決まったし。それで西武の黄金期に活躍した伊東勤新監督を招へいすることになったけど、伊東新監督は、韓国斗山ベアーズのヘッドコーチからの転身。首脳陣刷新にはオーナー代行の意向が強く働いたみたいだ。

B　新しくロッテ本社からきた球団社長は野球がまったくわからないし、しばらく西村政権が続くと思っていたんだけどね。彼は生え抜きで、97年の引退翌年からコーチを務めてきたわけだし。

A　高橋慶彦ヘッドも西本聖投手コーチも、指導者としては実績のある人たちでしたしね。しかしいかんせん、キャラクターが問題。高橋ヘッドはダイエーホークスの打撃・走塁コーチをしていたとき、広島の現役時代から折り合いの悪かった達川光男バッテリーコーチと、ベンチ内でつかみ合いの喧嘩をして王監督を困らせている（笑）。

フロントは今回、8コーチのクビを飛ばしましたが、ほとんどが50歳の伊東新監督より年上です。

C　チームとして喫緊の課題は来季のための補強でしょう。とくに打線。高橋ヘッドとメジャーへ行った西岡は師弟関係だと言われるけど、西岡は3Aに甘んじているじゃない。彼を復帰させるのが、さしあたって近道だよね。

B　西岡には阪神、オリックスも食指を伸ばしているから、フロントがしっかりしていないと取れないだろうね。今後を考えてもオーナー代行がシャキッとして、腕のいいGMを連れてくるしかない。

C　彼が広岡達朗GMを招へいし、初めてバレンタインを監督にしたのが95年。そしてバレンタインを再任させたのが04年だから、8～9年に1回ぐらいの割合でシャキッとするわけだ（笑）。

B　だとしたら、来年あたりには何かやるかもしれないね。

A　いっそ重光オーナー代行と大物OBの金田正一の人脈で大物を連れてくる？

C　いや、それはないよ。カネやんは自分のビジネスしか考えていないから。彼が貢献するというのは、それだけはないね（笑）。

合併球団のハンディをいつ乗り越えられるか!?

オリックス・バファローズ

座談会参加者＝夕刊紙元記者A／スポーツ紙デスクB／週刊誌野球担当C

構成＝李策

一番の敗因はすぐにブチ切れた監督？

夕刊紙元記者A　シーズン終盤の9月中旬、他球団に先駆けて退任が決まったのが、オリックスの岡田彰布監督。3年契約の最終年だし、終盤で借金20以上のダントツ最下位とくれば当然か。

スポーツ紙デスクB　退任説は相当、早くから出ていた。前半戦を終えた時点で最下位だったうえに、最終的には借金20にもなった。

週刊誌野球担当C　最後の最後でAクラス入りを逃した昨季と違って、今季は粘りがなかったね。

A　前半戦が終わったとき、岡田監督は「俺はまだあきらめてないけど、みんながそう思ってるか。ベンチで腹立てるの俺だけやん」と、相当焦《じ》れてたらしい。

B　岡田監督は開幕前、オリックスの指揮を執って初めて「優勝を目指す」と宣言していたよね。実際、それだけの実力が整っていると、周囲も見ていた。投手陣では、金子千尋、平野佳寿、岸田護、中山慎也、西勇輝。野手ではT－岡田、大引啓次、伊藤光。いずれも05年以降のドラフトで取った若手で、投打の中心を担うまでになった。昨季までは寺原隼人や木佐貫洋ら移籍組も活躍していたし、確かに優勝候補と呼んでいい陣容だったんだ。

　ところが、開幕投手に指名していたエースの金子が、右上腕部の張りで開幕直前に登板を回避するなどアクシデントが相次いだ。岡田監督がストレスを溜めるのもわからないでもない。

A　その後も、昨季リーグ最多安打の坂口智隆をはじめ、寺原、西、岸田、大引といった主力が次々と故障。一度もベストメンバーが揃わない有様だった。

C　でもそうは言っても、恵まれない環境を乗り越えるのも監督の手腕じゃない？　とにかく投手は全般的によくなかったと聞いている。飛ばないはずの統一球が、「なぜかオリックス戦では飛ぶ」と話題になっていたほど（笑）。

A　確かに、一番の原因は監督。すぐにブチ切れるんだから。近くに記者がいようと、おかまいなしに選手を罵倒していた。あれじゃ、選手たちは監督の顔色をうかがうばかり。力が入るわけありません。

C　岡田監督がすぐ人に責任を押し付けるものだから、コーチもバラバラ。昨季は福間納、正田耕三の2人が更迭され、岡田監督と衝突した松山秀明コーチもクビになった。今季もまた、水口栄二打撃コーチが二軍に降格されている。このことは相当、宮内義彦オーナーの反感を買ったようだね。

A　宮内オーナーが身内重視なのは、新体制を見れば歴然。チーフから昇格した森脇浩司新監督をはじめ、一、二軍のコーチはすべてオリックスもしくは近鉄出身者という「OB内閣」です。

C　岡田前監督の後釜としてまず名前が取沙汰されたのは、阪急OBの山田久志、福本豊、近鉄OBの梨田昌孝の3人だった。同時に新井宏昌2軍監督の内部昇格も検討されていたらしい。それからフロントは古田敦也にもアプローチしているという話もあったけど、宮内オーナーは「かなり早い段階から森脇（浩司前一軍チーフコーチ）さんに決めていた」と話している。

B　森脇新監督は、指導者としての経験も豊富。とくにホークスのコーチ時代の実績が大きい。王監督時代にはオー

スローガン
「新・黄金時代
～2012年、頂点へ～」

本拠地球場	京セラドーム大阪
2011年成績	4位　69勝68敗7分 勝率.5036 打率.248④　本塁打76④ 防御率3.33⑤
2012年成績	6位　57勝77敗10分 勝率.425 打率.241⑥　本塁打73③ 防御率3.34⑥

プン戦の指揮を任されるほど絶大な信頼を得ていた。

C　首脳人事の目玉は福良淳一ヘッドでしょう。今季は日ハムで指導者初体験の栗山英樹監督をヘッドとして支え、チームを優勝に導いた。実質的に作戦を決めていたのも福良ヘッドです。

A　新しく加わる打撃コーチの石嶺和彦（前ＤｅＮＡ打撃コーチ）、投手コーチの西本聖（前ロッテ投手コーチ）の２人も指導者として実績がありますよね。とくに石嶺コーチは04年に中日の打撃コーチに就任し、４度のリーグ優勝に貢献している。

宮内オーナーは激怒していたらしい

B　しかし今季だって、オリックスのコーチは、本来は優秀な人が揃っていたんだけどね。退団が決まった高代延博ヘッドなんて、12球団のどこからでも声がかかるほど評価の高い人ですよ。90年から98年まで広島でコーチを務めていたとき、中日の星野監督（当時）が「譲ってほしい」と再三打診したのは有名な話。それを拒否し続けた広島の三村敏之監督の退任を、星野監督は待ち焦がれていたとか。

A　高代ヘッドについては、先日引退を表明した金本知憲も「広島時代、いちばん世話になった人のひとり」と言ってましたね。

B　それから森脇新監督と新井宏昌二軍監督は、ホークスのコーチ時代の実績も大きい。かつて森脇新監督は秋山政権になって突然コーチを解任され、ホークスとの間にしこりを残したけど、王監督時代にはオープン戦の指揮を任されるほど絶大な信頼を得ていた。

C　新井二軍監督の方は、「ダイハード打線」の指導で知られているよね。ホークスが日本一になった03年、井口資仁、松中信彦、城島健司ら、プロ野球史上初めて、1チームから6人の3割打者を出して、チーム打率2割9分7厘の日本新記録も打ち立てた。

B　こうした首脳陣だって、岡田監督の要望で揃えたんだろうに、八つ当たりでチームを引っ掻き回されたんじゃ、そりゃあ宮内オーナーも怒るわな。

A　宮内オーナーはただでさえ、「要望通りに補強しているのにまったく勝てない」と激怒していた。そのウラにあるのは、オリックスと近鉄の合併後に深刻な観客数落ち込みを経験したことからくる危機感。だから、生え抜きのコーチたちの更迭はなおのこと、腹に据えかねたんだと思う。そもそも、岡田監督を招へいしたのは球団の人気回復がひとつの目的で、「阪神岡田会」のタイガースファンを取り込むことを期待していた。それさえ実現されてないのに、ＯＢを粗末に扱ったら古くからのファンがいっそう離れてしまう。

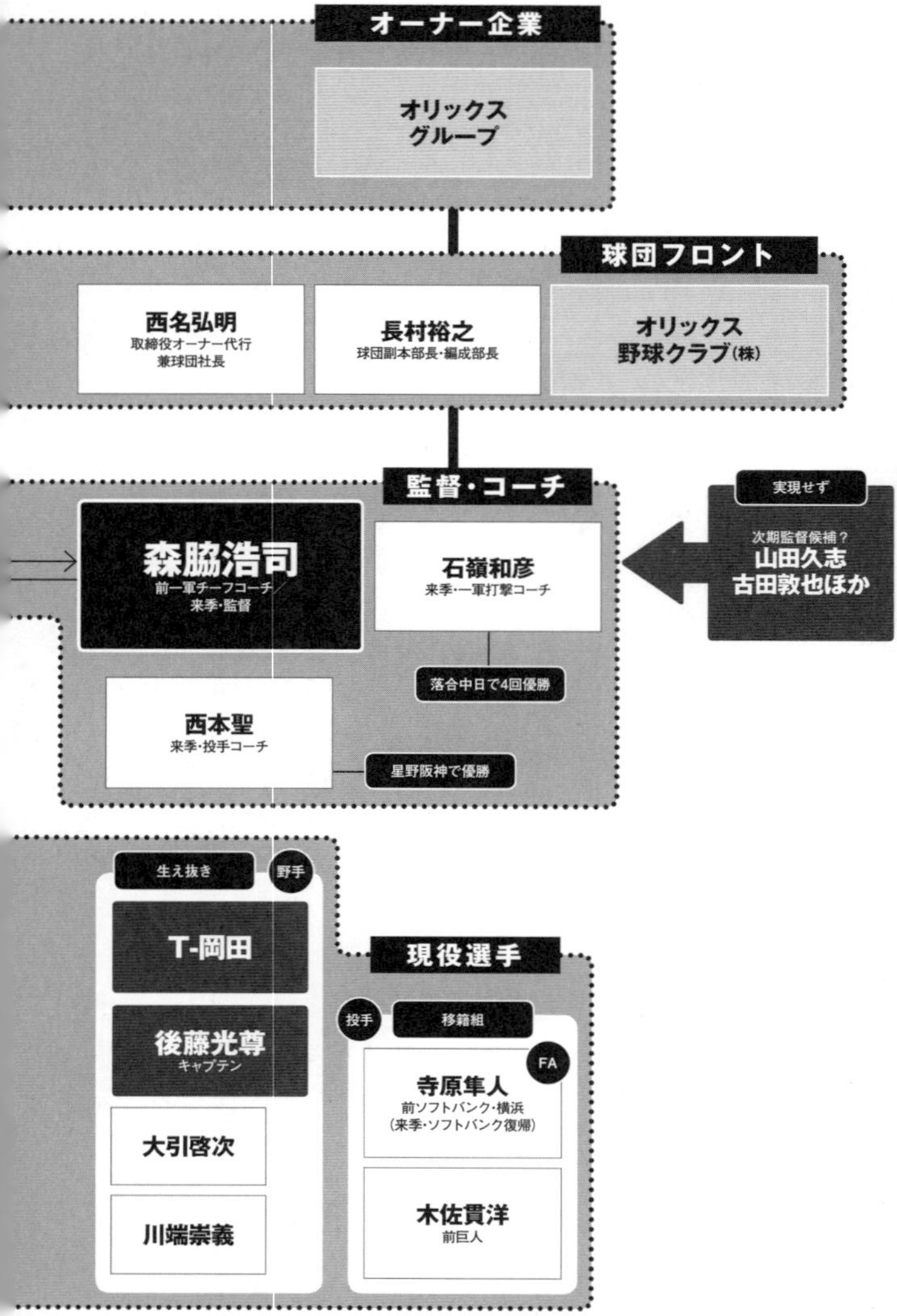
オーナー企業
オリックス
グループ
球団フロント
西名弘明
取締役オーナー代行
兼球団社長
長村裕之
球団副本部長・編成部長
オリックス
野球クラブ(株)
監督・コーチ
森脇浩司
前一軍チーフコーチ／
来季・監督
石嶺和彦
来季・一軍打撃コーチ
落合中日で4回優勝
西本聖
来季・投手コーチ
星野阪神で優勝
実現せず
次期監督候補？
山田久志
古田敦也ほか
現役選手
生え抜き
野手
T-岡田
後藤光尊
キャプテン
大引啓次
川端崇義
投手
移籍組
FA
寺原隼人
前ソフトバンク・横浜
(来季・ソフトバンク復帰)
木佐貫洋
前巨人

オリックス・バファローズ

宮内義彦
代表取締役オーナー

不満

村山良雄
常務取締役球団本部長

退団
岡田彰布
前監督

MLBヤンキース
（来季再契約?）
イチロー

帰国？

日ハムで4回優勝

福良淳一
前日ハムヘッド／
来季・一軍ヘッドコーチ

信頼

王貞治
ソフトバンク会長

しこり

秋山幸二
ソフトバンク監督

有力OB

米田哲也＊

石嶺和彦＊
前DeNA打撃コーチ
来季・一軍打撃コーチ

福本豊＊
スポーツ報知評論家・
朝日放送解説者

吉井理人
前日ハム一軍投手コーチ

蓑田浩二＊

長谷川滋利
スポニチ評論家

佐藤義則＊
現楽天投手コーチ

田口壮
元MLBカージナルスほか

＊旧阪急ブレーブス　出身

生え抜き　投手

平野佳寿

岸田護

西勇輝

中山慎也

C 「救済」の名の下に近鉄を取り込み、両球団の上位半分の選手たちを取ってチームを強化。フランチャイズを兵庫県と大阪府に広げてファンの数を増やそうというのがオリックス本社の目論見だったわけだけど、これは完全に裏目に出た。

B ファンは増えるどころか、減ってしまったんじゃないか。とくに神戸のファンは相当離れたはず。95年の「阪神・淡路大震災」の後、ユニフォームの右袖に「がんばろうKOBE」と縫いつけた旧オリックスを、市民は一体となって応援した。そうやって勝ち取ったリーグ連覇（95・96年）と日本一（96年）だったのに、合併球団が本拠地を大阪の京セラドームに移したときには、出て行かれた方は、さぞや裏切られた感じがしただろうね。

C だからこそ、首脳陣をOBで固めたんだろうね。合併前を知る選手たちもどんどん減ってきているし、震災当時のチームを知っている選手なんか、もういないんじゃないか。

B そこに、リーグ連覇時のエースだった星野伸之らがコーチで戻ってきた。往年のファンには懐かしい。

A でも、これからは新しいファン層をどんどん取り込んでいくしかないんでしょうが、今の成績ではね……。

近鉄のファンを引き止められなかった

B　実は球団は、09年3月からの阪神電車と近鉄奈良線の相互乗り入れに期待していたんだ。奈良方面と神戸方面から乗り換えなしで京セラドームに来られるようになったので、観客数が増えると考えたわけだ。ところが、観客は増えるには増えたけど、期待したほどじゃなかった。相互乗り入れによって、奈良の野球ファンが甲子園まで足を延ばせるようになり、阪神との競合が激しくなってしまったんだ。

C　電車のことで言えば、やっぱり球団名から近鉄の2文字が取れてしまったのは痛いね。昔は沿線に、コアなファンがいっぱいいた。毎日、近鉄に乗って通勤・通学している人たちですよ。バファローズという名前を残しただけでは、そういうファンを引き止められなかった。かたや、オリックスの顧客が球団を応援するとは思えない。あの会社の本業は金融。おカネを借りてる人が、金融業者のことを応援するワケがない（笑）。

B　本業と言えば、このところのオリックスの低迷は、親会社のフトコロ事情とも関係あるんじゃない？　一時は経営危機説が出ていたみたいだけど。

C　その通り。オリックスグループは不動産部門がかなり大きくて、都心部などに集中的に投資して素早く開発し、素早く転売するのがビジネスの〝勝ちパターン〟だった。投資するおカネは銀行などから借りてくるんだけど、08年のリーマン・ショックでその流れが止まってしまったんだ。それまで「借りては儲け、儲けては返し、そしてまた借りる」ということを繰り返していたから、いったんおカネの流れが止まると返済期限だけが迫ってくる。

A　そんな状況のなかじゃ、とても補強どころじゃありませんね。

C　もっとも、今では落ち着いているらしいけどね。だからこそ、2年総額8億円も出して韓国から李大浩を連れてこられたんだろう。

B　だったら、今後もそれなりの補強をやっていく可能性はあるね。

イチロー復帰の壮大な野望

B　次期監督候補として、当初名前が上がっていたのは、阪急ＯＢの山田久志、福本豊、近鉄ＯＢの梨田昌孝の3人。しかし梨田には断られ、福本は周囲の評価が低い。ということで、山田が残った。同時に、新井宏昌二軍監督の内部昇格を軸に検討する動きが出た。フロントは古田敦也にもアプローチしていたみたいだけど、本人が関西赴任とパ・リーグでの指揮に難色を示したらしい。

C　古田は04年のプロ野球ストライキの中心人物だし、他球団のオーナーたちの手前、監督として招へいしたら、いろいろややこしい問題が出てきたんじゃないの？

B　そうかもしれないけど、オリックスも〝待ったなし〟だから、人気回復のためなら相当なことをやる覚悟があったとも言われているよ。

A　新体制では、オリックスOBで、メジャー帰りの長谷川滋利と田口壮が入閣するんじゃないかというウワサもありました。

B　そしてその先には、「イチロー復帰」の壮大な野望があるらしい（笑）。

C　今のオリックスにイチローが興味を示すとは思えないが、実現したら、兵庫と大阪どころか全国のファンが押し寄せるかもね。

宝島SUGOI文庫

プロ野球ウラ人脈大全

（ぷろやきゅううらじんみゃくたいぜん）

2012年12月20日　第1刷発行

著　者　鵜飼克郎+織田淳太郎+常松裕明+李策ほか
発行人　蓮見清一
発行所　株式会社 宝島社
〒102-8388　東京都千代田区一番町25番地
電話：営業 03(3234)4621 ／編集 03(3239)0646
http://tkj.jp
振替：00170-1-170829（株）宝島社
印刷・製本　株式会社廣済堂

ISBN 978-4-8002-0523-0